AMELIE FRIED

DIE
STÖRENFRIEDS

Geschichten von Leo und Paulina

Illustriert von Jacky Gleich

GOLDMANN

Umwelthinweis:
Alle bedruckten Materialien dieses Taschenbuches
sind chlorfrei und umweltschonend.

Taschenbuchausgabe 7/99
Copyright © der Originalausgabe 1995
by Mosaik Verlag, München,
in der Verlagsgruppe Bertelsmann GmbH
Umschlaggestaltung: Design Team München
Umschlagillustration: Jacky Gleich
Druck: J. P. Himmer, Augsburg
Verlagsnummer: 44380
JE · Herstellung: Sebastian Strohmaier
Made in Germany
ISBN 3-442-44380-6

1 3 5 7 9 10 8 6 4 2

Inhaltsverzeichnis

Für Peter, in Liebe

Statt eines Vorworts

Liebe Leserin, lieber Leser!

Sollten Sie Kinder haben, wissen Sie genau, wovon ich im folgenden rede. Sollten Sie keine haben, interessiert es Sie vielleicht zu erfahren, wie es wäre, wenn Sie welche hätten?! Ich beschreibe Ihnen jetzt einfach mal, wie ein ganz normaler Tag aussieht, wenn man zwei Kinder hat, auf dem Land wohnt und sich vorgenommen hat, zum Einkaufen in die Stadt zu fahren.

8 Uhr. Baby wird gestillt. Kind will nicht aufstehen. Ich packe Kinderwagen ins Auto. Kind verlangt nach Milch. Ich serviere Milch, Kind brüllt: »Zu heiß!« Ich kühle Milch ab, Kind brüllt: »Zu kalt!« Ich gehe raus, Kind schüttet Milch ins Bett.

9 Uhr. Baby wird gestillt. Kind brüllt: »Muß aufs Klo!« Ich hieve Kind auf Klobrille. Baby schätzt keine Unterbrechungen beim Essen, brüllt. Kind brüllt ebenfalls: »Muß doch kein Aa!« Ich hieve Kind wieder runter. Ich ziehe Kind an und packe Wickeltasche ins Auto.

10 Uhr. Baby wird gestillt. Kind brüllt: »Hab Hunger!« Ich serviere Müsli. Kind brüllt: »Will Schokolade!« Ich serviere Müsli wieder ab. Kind brüllt lauter. Ich packe Kekse ins Auto.

11 Uhr. Baby kotzt. Ich ziehe mich um. Ich ziehe

7

Baby um. Baby kackt. Ich wechsle Windel, ziehe Baby wieder an. Kind brüllt: »Hab in die Hose gemacht!« Ich ziehe Kind komplett um, fülle Waschmaschine und packe Ersatzklamotten ins Auto.

12 Uhr. Baby wird gestillt. Ich erleide Schwächeanfall aus Hunger, löffle übriggebliebenes Müsli. Kind brüllt: »Will auch Müsli!« Ich mache neues Müsli. Kind ißt. Baby brüllt. Kind will Baby mit

Müsli füttern. Baby brüllt noch mehr. Kind schlägt mit Müslilöffel auf Baby ein. Ich brülle.

13 Uhr. Baby wird gestillt. Kind ist eingeschlafen. Ich betrachte einen Versandhauskatalog. Baby macht dadada. Das Telefon klingelt. Ich gehe kurz raus. Baby zerfetzt Katalog.

14 Uhr. Ich ziehe Baby an, wecke Kind. Kind brüllt: »Ich will nicht in die Stadt!« Ich ziehe widerstrebendes Kind an. Baby kackt. Ich ziehe Baby aus, wechsle Windel, ziehe Baby wieder an.

15 Uhr. Baby wird gestillt. Es klingelt an der Haustür. Ich öffne. Keiner da. Kind entwischt nach draußen. Plötzlich Gebrüll: Kind ist auf Gesicht gefallen. Ich lege Baby in Wohnzimmer ab, klebe Pflaster auf Kindergesicht. Baby brüllt. Ich renne ins Wohnzimmer. Nachbarhund liegt auf Sofa und leckt Babygesicht.

16 Uhr. Baby wird gestillt. Baby schläft ein. Kind brüllt: »Muß Aa!« Ich setze Kind aufs Klo. Das Telefon klingelt. Ich gehe kurz raus. Kind verteilt Aa in Badezimmer.

17 Uhr. Baby wird gestillt. Ich hole Kinderwagen, Wickeltasche, Kekse und Ersatzklamotten aus dem Auto.

18 Uhr. Mann kommt nach Hause, fragt: »Na, wie war's in der Stadt?« Baby gluckst. Kind lacht.

Wie alles anfing

Ich wollte nie Kinder haben. Genauer, ich konnte mir einfach nicht vorstellen, mit welchem Mann. Obwohl ich im Geist der 68er-Ideologie und mit den Parolen des Feminismus (»Eine Frau ohne Mann ist wie ein Fisch ohne Fahrrad«) aufgewachsen war, stellte ich mir im hintersten Winkel meines bürgerlich gebliebenen Herzens vor, daß Kinder nach Möglichkeit einen Vater haben sollten. Leider hatte ich aber eine ausgesprochene Schwäche für den Typ des »charmanten Hallodri«, der sich ungern auf eine Frau festlegt, keine Verantwortung übernehmen will und Kinder als eine Disziplinarmaßnahme Gottes zur Einschränkung seines Freiheitsdranges empfindet. Einen solchen Mann zum Vater meiner Kinder zu machen, wäre angesichts meines eigenen Freiheitsdranges eine ziemliche Dummheit gewesen.

Also beschloß ich, kinderlos zu bleiben. Das bedauernswerte Schicksal einer Freundin vor Augen, die mit 19 ungewollt schwanger geworden und seither alleinerziehende Mutter war, verhütete ich wie der Teufel, um nie in eine solche Lage zu kommen. Ich fühlte deutlich, daß nicht nur kein Mann reif für mich war, sondern auch ich keineswegs reif für ein Kind.

Das blieb so, bis ich dreißig wurde. Ich hatte mich gerade mal wieder von einem Hallodri getrennt, als ich am Morgen meines Geburtstags aufwachte und wußte: »Beim nächsten Mann wird alles anders!« So war es auch – jedenfalls fast. Ich drehte noch ein paar Solorunden und nahm in Gedanken Abschied von meinem Single-Leben. Dann lernte ich Peter kennen. Er saß in einem merkwürdig gemusterten Sakko auf einer Kulturpreisverleihung, hielt den Kopf ein

bißchen schräg und schaute mich an. Ich schaute zurück und wußte: Der ist was zum Heiraten! Und da erschrak ich furchtbar. Peter erzählte mir später, ihm sei es genauso gegangen. Den Kopf habe er schief gehalten, weil er vor lauter Schreck, mich plötzlich leibhaftig vor sich zu sehen, eine Genickstarre bekommen habe.

Da saß er also, der Mann, den ich heiraten würde, und ich war gar nicht euphorisch. Im Gegenteil, ich ahnte plötzlich, daß ein Abschnitt meines Lebens zu Ende ging. Wohl der Abschnitt, den man »Jugend« nennt. Und daß ein neuer Abschnitt begann, auf dem das Etikett »Erwachsensein« klebte. Wie ein Schauspieler vor dem Auftritt bekam ich schreckliches Lampenfieber und versuchte, die Aufführung des bevorstehenden Stückes zu verhindern. Ich wehrte mich mit aller Kraft ge-

gen Peters Werbung und erklärte ihm, daß ich nicht für eine Beziehung taugte und schon gar nicht für die Ehe. Peter ließ sich zum Glück nicht beirren. Stur hielt er daran fest, daß wir zwei zusammengehörten und daß ich sehr wohl beziehungs- und liebesfähig sei. Bis wir ein gutes Jahr später heirateten, hatten wir uns schon so oft getrennt und wieder versöhnt, daß es für den Rest unseres Lebens reichen sollte!

Bald kam unser Sohn Leonard Maximilian, genannt Leo, auf die Welt. Mir wurde klar, daß der eigentlich wichtige Schritt nicht unsere Eheschließung war. Ehen kann man wieder scheiden. Der wirklich schwerwiegende Entschluß war, ein Kind in die Welt zu setzen. Mit einem Kind bleibt man für immer verbunden, und – ob man will oder nicht – auch mit dem anderen Elternteil dieses Kindes.
Ich mußte an meine Eltern denken und daran, daß sie sich nicht getrennt hatten, obwohl sie eine schwierige Ehe geführt haben. Ich begriff plötzlich, daß sie sicher auch wegen uns Kindern zusammengeblieben waren, wegen meiner zwei jüngeren Brüder und mir. Und daß sie es doch irgendwie geschafft haben, das Beste daraus zu machen. Ob wir das auch schaffen würden?
Die Ankunft von Leo wirbelte unser Leben ganz schön durcheinander. Wir kannten uns ja nicht

lange, kaum waren wir ein Paar, da waren wir schon ein Elternpaar. Unsere Interessen verlagerten sich, unser Freundeskreis veränderte sich. Plötzlich konnten wir nicht mehr von jetzt auf gleich ins Kino gehen, oder auf ein Bier um die Ecke. Ausflüge mit dem Baby waren schweißtreibende Unternehmungen, und unsere kinderlosen Freunde beklagten unsere mangelnde Spontaneität. Uns interessierten alle Informationen rund ums Kinderkriegen bedeutend mehr als die Nachrichten aus der weiten Welt – zumal wir sowieso nicht mehr zum Zeitunglesen kamen.

Auch unsere Berufe bekamen einen anderen Stellenwert. Peter, der bisher erlesene Kulturfeatures und Literaturverfilmungen gemacht hatte, von denen er kaum leben konnte, bemühte sich um lukrativere Aufträge. Und ich stand eines Tages auf dem Hamburger Flughafen heulend in einer Telefonzelle, weil ich das Karriereangebot meines Lebens bekommen hatte – und absagen mußte.
Aber was bekamen wir alles dafür! Stundenlang betrachteten wir unser Baby und konnten es gar nicht fassen, was für einen sympathischen und witzigen kleinen Kerl wir da gekriegt hatten! »Selbstgemacht!« sagten wir uns immer wieder und waren ganz berauscht von dieser Vorstellung. »Kleiner Aufwand, große Wirkung!« stellte Peter fest, und

ich merkte, daß er große Lust hatte, auszuprobieren, wie ein zweiter Versuch ausfallen würde... Bis dahin sollte aber noch einige Zeit vergehen. Inzwischen stellte ich fest, daß das Leben mit Kind auch unter journalistischen Gesichtspunkten eine Menge neuen Stoffs bietet. Ich begann, meine Erfahrungen zu notieren, Freunde und Experten zu befragen und mir Gedanken zu den verschiedensten Themen zu machen. Die Zeitschrift *Eltern* veröffentlicht seit nunmehr drei Jahren meine Geschichten. Einige von ihnen sind in dieses Bändchen eingeflossen.

Ich habe festgestellt, daß die Erfahrungen, die man mit seinen Kindern macht, zwar etwas ganz Besonderes sind, aber nichts Einzigartiges. Im Gespräch mit anderen Eltern haben wir immer wieder Übereinstimmungen erlebt und waren überrascht, daß sie so vieles ähnlich empfanden wie wir. Auch die Zuschriften auf meine *Eltern*-Artikel zeigen mir, daß viele Mütter und Väter sich in ihnen wiederfinden. Immer wieder lese ich den Satz: »Ihre letzte Geschichte hätte von mir sein können!«

Das hat mich bestärkt, diesen kleinen Band zusammenzustellen. Vielleicht erkennen Sie sich beim Lesen ja auch ein bißchen wieder, können den einen oder anderen Tip gebrauchen oder einfach herzhaft lachen!

Nie mehr allein

Niemals werde ich diesen Junimorgen vergessen. Vor den großen Fenstern des Kreißsaals
zwitscherten die Vögel, diesiges Morgenlicht drang
in den Raum. Es war zehn vor sieben, und ich hielt
mein erstes Kind im Arm.
Staunend betrachtete ich den verknautschten kleinen Kerl, der zweifellos wie eine Mischung aus E.T.
und einer Schildkröte aussah. Trotzdem erschien er
mir wunderschön. Ich empfand nicht dieses Gefühl
von grenzenloser Freude oder Euphorie, das ich mir
vor der Geburt ausgemalt hatte. Es war eher Neu-
gier, mit der ich dieses Wesen betrachtete, das gerade einen Weg von wenigen Zentimetern zurück-
gelegt hatte und doch aus einer anderen Welt zu
kommen schien. Ich suchte nach etwas Vertrautem,

etwas, das ich wiedererkannte. Schließlich war dieses Kind ein Teil von mir, da mußte doch was Verwandtes sein? Ich fand nichts. Ein ganz und gar eigenständiges Wesen lag vor mir, nicht etwa eine Teilsumme meiner selbst.

Gerührt war ich. Von der Hilflosigkeit dieses Menschleins. Und von den Freudentränen, die sein Vater gerade vergoß. Ich fand es immer ein bißchen peinlich, Männer aus Kummer weinen zu sehen. Ich fühle mich einfach hilflos angesichts eines in Tränen aufgelösten Kerls, dem gerade die Freundin weggelaufen ist oder dem einer das Auto zu Schrott gefahren hat. Aber daß mein Mann vor Freude weinte, vor Glück und aus Erleichterung, das fand ich wunderbar!

Überhaupt war ich stark beeindruckt, welche Qualitäten er als Geburtshelfer an den Tag gelegt hatte. Als hätte er nie was anderes gemacht, hatte er mich in den vergangenen Stunden gehalten, beruhigt und angefeuert, je nachdem, was nötig war. In Extremsituationen (und das ist eine Geburt zweifellos) erfährt man Dinge über einen Menschen, die man vorher nicht wußte. Ich wußte jetzt, der Mann hatte Nerven wie Drahtseile – zumindest, so lange es darauf ankam!

Ein bißchen verunsichert war ich schon, daß ich nicht vom Mutterglück überschwemmt wurde, ja, nicht mal weinen konnte. War das normal, dieses merkwürdige Gefühl von Leere, diese innere Ruhe, die leichte Distanz zu den geschäftigen Vorgängen im Kreißsaal? Ich wollte ihn nur immer anschauen, meinen Sohn, sein Bild in mich aufnehmen. Zumal ich panische Angst hatte, daß er vertauscht werden könnte. Ich merkte mir ein kleines Muttermal neben seinem Ohr, damit man mir auf keinen Fall ein anderes Baby würde unterjubeln können!

Als am Abend eine Schwester kam und Leo für die Nacht ins Säuglingszimmer bringen wollte, protestierte ich heftig. Keine Sekunde würde ich mein Kind aus den Augen lassen! Nur die bleischwere Müdigkeit, die mich nach den zwei durchwachten Nächten befallen hatte, schwächte meinen Widerstand. Schließlich ließ ich mich überreden, Leo herzugeben. Also gut, dann würde ich mich jetzt einfach richtig ausschlafen, das hatte ich mir wirklich verdient! Ich war sehr erstaunt, daß die Nacht bereits nach vier Stunden zu Ende war. Das Telefon neben meinem Bett klingelte, und die Schwester rief mich ins Säuglingszimmer. Mein Sohn dachte nicht daran, seine erschöpfte Mutter schlafen zu lassen. Er hatte Hunger und brachte dies durch martialisches Gebrüll zum Ausdruck. In diesem Moment ging mir ein Licht auf. Mit der Geburt war keineswegs, wie ich undeutlich gehofft hatte, die größte Anstrengung geschafft. Im Gegenteil, jetzt ging's erst richtig los! Ich würde Monate, wenn nicht Jahre, nicht mehr ausschlafen können. Immer würde jemand da sein, der mich brauchte und für den ich verantwortlich wäre. Ich würde *nie mehr allein* sein.

Diese Erkenntnis traf mich wie ein Keulenschlag. Bevor ich ein Kind hatte, dachte ich, nach der Geburt würde mein Leben weitergehen wie bisher – nur eben mit einem Kind. Daß von dieser Sekunde an mein Leben ein komplett anderes sein würde, das hatte ich nicht im entferntesten vermutet.

Die Angst, Leo nicht wiederzuerkennen, war übrigens völlig unbegründet. Als ich ins Säuglingszimer kam, hätte ich ihn unter hundert anderen Babys sofort gefunden. Und, was noch faszinierender war: Schon auf dem Flur hörte ich seine Stimme aus dem vielstimmigen Chor der anderen Schreihälse heraus! Zwei Tage später erlebte ich dann, was ich nach der Geburt vermißt hatte: Ich saß da, hatte meinen winzigen Sohn im Arm und sah zu, wie er schlief. Plötzlich übermannte mich ein nie gekanntes Glücksgefühl, eine unendliche Zärtlichkeit. Ich heulte los und konnte nicht mehr aufhören. Erschrocken fragte Peter, was passiert sei. Ich schluchzte : »Und irgendwann ist er groß und hat eine Freundin und will nichts mehr von mir wissen!«

Gut, daß bis dahin noch ein wenig Zeit ist ...

Dreck

Ich traute meinen Augen nicht. Leo (14 Monate) panierte sorgfältig seinen Schnuller in Blumen-topferde, bevor er ihn in den Mund steckte und mit allen Anzeichen des Behagens ablutschte. »Neiiin", schrie ich und wollte ihm das verdreckte Ding ent-reißen. Aber wofür eigentlich? Längst hatte er die Erde verschluckt und an diesem Tag vermutlich noch ein halbes Kilo Sand und mehrere Staubflu-sen. Gut, daß ich ihn in letzter Sekunde erwischt hatte, bevor er die Klobürste einer näheren Prüfung unterziehen konnte!

Ich komme mir wirklich bescheuert dabei vor, Leos Fläschchen auszukochen, während er gerade eine Handvoll Laub verspeist oder sein Stofftier in einer Pfütze badet. Ganz zu schweigen von dem Moment, als er Freundschaft mit Nachbars Riesenschnauzer schloß und die beiden sich zärtlich gegenseitig das Gesicht leckten.

Wenn ich daran denke, welche Verhaltensmaßregeln mir die Kinderschwester in der Klinik eingebleut hat, um mein armes Kind vor Bakterien zu schützen: Hände desinfizieren vor jedem Füttern, Sterilisieren von Fläschchen und Saugern, Rasseln und Beißringe auskochen, sobald sie den Boden berührt haben! Ein paar Wochen hielt ich den Drill durch, dann holte mich der Alltag ein. Nun werden die Hände gewaschen, die Fläschchen in der Maschine gereinigt, das Spielzeug abgespült. Und siehe da: Leo hatte noch nie eine Krankheit, die auf mangelnde Hygiene zurückzuführen gewesen wäre! Auch Hygiene-Experten sind der Meinung, daß zuviel Putzen eher schadet als nützt. Ein gesundes Kind ist resistent gegen die üblichen Haushaltskeime. Und beim Versuch, die »bösen« Keime auszurotten, gehen unweigerlich die »guten« mit drauf. Eine gestörte Keimflora aber macht anfällig für Krankheitserreger. Ein normal gepflegter Haushalt ohne sichtbaren Dreck gilt daher als völlig ausreichend.

Nun könnte ich mühelos meine gesamte Zeit mit Schrubben und Bohnern zubringen, denn auf geheimnisvolle Weise produziert mein Haushalt ununterbrochen neuen Dreck. Höre ich am einen Ende auf, kann ich am anderen wieder beginnen. Es kommt also darauf an, das Dreckproblem zu rationalisieren. Zur Zeit ist Leo 73 Zentimeter groß, ich achte deshalb darauf, daß bis zu dieser Höhe keine größeren Verschmutzungen entstehen. Das bedeutet in erster Linie, den Boden sauber zu halten. Ich habe sechs Paar Hausschuhe in verschiedenen Größen angeschafft und bitte unsere zahlreichen Besucher freundlich, aber bestimmt, ihre Straßenschuhe auszuziehen. Genuschelte Kommentare wie »Ich hab' aber ein Loch in der Socke!« oder »Muß man bei euch auch mit Stäbchen essen?« überhöre ich geflissentlich.

»Drei Pfund Dreck im Jahr braucht ein Kind«, sagt

der Volksmund. Ich solle das nicht ganz wörtlich nehmen, empfiehlt mir Franz Daschner, Hygiene-Professor in Freiburg. »Zuviel Dreck macht ein Kind krank, aber wenn es nie mit Schmutz in Berührung kommt, kann es auch keine Abwehrkräfte bilden.«

Wenn ein Kind mal ein bißchen Sand aus der Buddelkiste probiert, ist das also kein Grund zur Panik (vorausgesetzt, der Sandkasten dient nicht gleichzeitig als Katzen- oder Hundeklo, wie auf öffentlichen Spielplätzen leider üblich).

Was ist aber nun mit der Klobürste, die natürlich auch Leo außerordentlich faszinierend findet? Ich hab' ihm einfach eine neue zum Spielen gekauft. Die »echte« verwahre ich in einem Schränkchen, das dem Forscherdrang meines Sohnes widersteht. Ein kleiner Zettel verrät Besuchern, wo das unentbehrliche Ding versteckt ist.

11 Monate
Vater und Sohn haben eine kurze Abwesenheit meinerseits für ein gemeines Komplott genutzt: Als ich nach Hause komme, verkündet Peter stolz, er habe mit ihm trainiert, und Leo könne jetzt »Mama« sagen. Gerührt fordere ich meinen Sohn auf: »Bärchen, sag mal ›Mama‹!« Leo grinst mich verschmitzt an. Dann sagt er: »Baba!«

26

Donnerwetter

Nein, nein, nein!« Leo (1 1/2) steht brüllend in seinem Bett. Seit Wochen gibt es jeden Abend Theater, weil er sich in den Kopf gesetzt hat, im elterlichen Bett einzuschlafen, mit Mama neben sich. Nach harten fünfzehn Minuten kapituliere ich wieder einmal, packe Leo und trage ihn in unser Schlafzimmer. Mit einem zufriedenen Seufzer fällt er in die Kissen und schläft im nächsten Moment ein. Und ich koche innerlich. Bis heute habe ich jeden Kerl, der mir vorschreiben wollte, in welchem Bett er schläft, randlos aus meinem Leben entfernt. Und nun zwingt mir ein 80 Zentimeter kleiner Knirps seinen Willen auf!

Ich muß mich ziemlich beherrschen, meinen Ärger über diese neuen Machtverhältnisse nicht an Leo auszulassen. Denn natürlich hat er ein Recht auf fast alles, was er von mir fordert. Wenn er Angst hat, muß ich bei ihm bleiben, auch wenn ich viel lieber den spannenden Film im Fernsehen anschauen würde. Wenn er nachts Durst hat, muß ich aufstehen, selbst wenn ich todmüde bin. Und wenn er sich bis zum Kragen vollscheißt, muß ich ihn wickeln, auch wenn es das fünfte Mal an diesem Tag ist. Er ist immer im Recht, denn er braucht mich. Und ich bin mit meiner Ungeduld immer im Unrecht, denn ich wollte ihn.

Bis zu Leos Geburt fühlte ich mich ziemlich abgeklärt und erwachsen. Ich glaubte nicht, daß mich nochmal irgendwas oder irgendwer aus der Fassung bringen könnte. Und nun passiert es immer wieder, daß ich dastehe und mit meinem Latein am Ende bin. Nichts von dem, was ich bisher gelernt habe, hilft mir in diesen Situationen weiter. Ich weiß, wie man eine Steuererklärung macht, wie man Auto fährt oder einen Marmorkuchen backt. Ich spreche italienisch, kann Pullover stricken und einen Stecker an ein Stromkabel montieren. Alles schöne Fähigkeiten, nur: Was nützen sie mir, wenn es darum geht, ein trotzendes Kleinkind zu bändigen? Jeden Tag muß ich völlig neue Dinge lernen, und ich werde mit Seiten in mir konfrontiert, von deren Existenz ich nicht einmal etwas ahnte. Bevor es Leo gab, teilte ich Eltern in zwei Gruppen auf: In die »guten«, die liebevoll, ruhig und besonnen mit ihren Kindern umgingen, und in die »bösen«, die ihre Kinder anbrüllten und womöglich schlugen. Seit ich selbst Mutter bin, sieht die Welt (nicht nur in dieser Hinsicht) anders aus. Auch ich habe schon ein paarmal gebrüllt, aus Hilflosigkeit, Überforderung, Wut. Und ich habe Leo zu meinem eigenen Entsetzen auch schon auf die Finger geklapst, als er alle Blüten meines einzigen Rosenstrauches abgerissen hatte. Hinterher war ich völlig fertig und fühlte mich als pädagogische Totalversagerin. Ich, die so viel über Kindererziehung zu wissen glaubte, hatte die Beherrschung verloren und mein Kind gehauen! Es war furchtbar. Noch furchtbarer aber war, daß mich das Gefühl beschlich, es könnten Situationen auf mich zukommen, in denen ich vielleicht sogar zu Schlimmerem fähig wäre. Mein Bild von den »guten« und den »bösen« Eltern geriet ins Wanken, denn offenbar kann auch eine gute Mutter (und dafür halte ich mich nach wie vor) an ihre Grenzen kommen.

Scheinbar grundlos tyrannisieren uns die lieben Kleinen mit ihren Forderungen, Ängsten und Launen. Und man selbst hat die guten Ratschläge im Kopf, die gratis von wohlmeinenden Mitmenschen – bevorzugt Kinderlosen – verteilt werden. »Laß das bloß nicht einreißen«, heißt es dann zum Beispiel.

»Der will doch nur sehen, wer der Stärkere ist. Da mußt du hart bleiben!« Und obwohl es mehr als albern ist, einem kleinen Kind die eigene Überlegenheit beweisen zu wollen, wird man doch sauer, wenn man in der nächsten Runde des vermeintlichen Machtkampfes wieder den kürzeren zieht. Ob berechtigt oder nicht, manchmal kommt sie einfach, die Wut. Eine Kettenreaktion beginnt: Ich bin ungeduldig, mein Kind bockt, ich werde sauer, mein Kind bockt noch mehr, ich fange an zu schreien, mein Kind schreit auch, und plötzlich steigt dieser Zorn in mir hoch, und ich könnte... Ja, ich könnte ausrasten. Und genau das will ich um jeden Preis vermeiden. Deshalb gilt es, Strategien zu finden, diesen Kreislauf zu durchbrechen.

Eine der potentiellen Krisensituationen zwischen Leo und mir waren anfangs die Mahlzeiten. Er panschte im Essen, spuckte jeden zweiten Bissen aus, nölte und nervte. Wenn ich merkte, daß es sich wieder zuspitzte, brachte ich das Essen aus seiner Reichweite, ging für einen Moment vor die Türe und holte dreimal tief Luft. Dabei sagte ich mir:
Erstens: Er kann es noch nicht besser.
Zweitens: Die Sauerei kann man aufwischen.
Drittens: Es ist noch kein Kind freiwillig verhungert.
Seit ich erkannt habe, daß diese Kämpfe entwürdi-

gend und zermürbend für uns beide sind und nichts bringen außer Frust und Ärger, lasse ich sie einfach bleiben. Ich konzentriere meine Energie darauf, Leo in gefährlichen Situationen zu beschützen. Aber ihn

mit Gewalt davon abzuhalten, die Töpfe aus dem Schrank zu räumen, nur weil ich keine Lust habe, sie wieder einzuräumen – das habe ich aufgegeben. Seither bin ich zufriedener mit meinem Selbstbild von der »guten« Mutter und gerate seltener in Rage. Natürlich wollen Kinder ab einem gewissen Alter auch ihre Grenzen austesten und fordern ihre Eltern durch ihr Verhalten dazu auf, sie ihnen zu zeigen. »Ein ›Nein‹ kann auch wichtige Orientierungshilfe für Kinder sein. Sie wollen mitgeteilt bekommen, wann Schluß ist.«

Michael Nitsch vom Münchner Kinderschutzzentrum hat eine Menge Erfahrung mit ratsuchenden Eltern. »Niemand nimmt sich vor, sein Kind anzuschreien oder zu schlagen. Alle Eltern, denen das passiert, tun es aus Hilflosigkeit. Sie handeln im Affekt und spüren meistens, daß sie sich falsch verhalten haben. Wenn sie dann hier anrufen, ist das der erste Schritt zu einer Lösung«, rückt auch er das Bild von den guten und den bösen Eltern zurecht. Die Hilfesuchenden kommen aus allen sozialen Schichten, denn auch Wohlstand und akademische Bildung schützen nicht vor Überforderung. »Viele Eltern haben idealisierte Bilder über Familie und Kinder im Kopf, die irgendwann mit der Realität kollidieren. Wenn die eigene Familie nicht so nett und adrett um den Frühstückstisch sitzt, wie in der Werbung oder der Fernsehserie, haben die Leute das Gefühl, etwas falsch zu machen. Oft versuchen sie dann buchstäblich mit Gewalt, die Bilder in Einklang zu bringen.«

Ich bin etwas getröstet. Nun weiß ich, daß ich keine Rabenmutter bin, auch wenn ich gelegentlich ungeduldig, gestreßt oder zornig bin. Die Wut im Bauch darf auch mal sein. Und inzwischen kann ich auch Leos Bedürfnis, neben mir einzuschlafen, anders sehen. Ich genieße unsere Kuschelstunde, singe ihm was vor und erzähle ihm vom vergangenen Tag. Seit ich entspannter bin, schläft er besser ein. Und ein paarmal ist es mir sogar gelungen, ihn zum Einschlafen im eigenen Bett zu bewegen.

1 Jahr

Der Knabe führt etwas im Schilde: Er vergewissert sich, daß wir abgelenkt sind, dann krabbelt er los. Sein Ziel: die Topfpflanze. Seine Mission: die Erde umgraben. Aber die Tat kommt nicht zur Vollendung. »Nein, nein, nein!« schimpft er unterwegs unüberhörbar vor sich hin. Und so kommt, bevor das Ziel erreicht ist, ein großer Erwachsenenarm und hebt das widerstrebende Kind in die Höhe, weit weg von der Topfpflanze. Gemein eigentlich.

Lieber Leo!

Morgen wirst du zwei Jahre alt. In einem schlauen Buch über Kindererziehung las ich: »Mit zwei Jahren wird den Eltern eine kurze und willkommene Atempause gewährt zwischen der schwierigen, anspruchsvollen Phase der 18 bis 21 Monate und dem noch strapaziöseren und schwierigeren Alter von zweieinhalb, das schon bald folgen wird.« (*)

Das macht echt Mut, nicht wahr? »The terrible two« nennen die Amerikaner dieses Alter, und auch hierzulande spricht man gelegentlich von den »schrecklichen Zweijährigen«. Vielleicht interessiert es dich später mal, wie »schrecklich« du damals warst – und wie entzückend natürlich auch!

*) »Unser Kleinkind«, Hrsg. der deutschen Ausgabe: Christine Brasch, München 1992

Du bist nun kein Baby mehr, sondern ein selbstbewußtes Menschlein mit einer ausgeprägten Persönlichkeit und einem eisernen Willen. Mit äußerster Energie versuchst du, deine Vorstellungen durchzusetzen. Jeder Tag gleicht einem Ringkampf: Du willst, daß ich dir zum Frühstück Schokolade gebe – ich will nicht. Ich will, daß du nachmittags ins Bett gehst – du willst nicht. Du willst bei 10 Grad die Blumen im Garten gießen (wobei du selbst klatschnaß wirst) – ich will nicht. Ich will, daß du dir die Schuhe anziehen läßt – du willst nicht. Undsoweiterundsofort.

Natürlich frage ich mich gelegentlich, ob ich das Recht habe, dir meinen Willen aufzuzwingen. Warum soll das, was ich will, berechtigter sein als das, was du willst? Es ist allerdings auch eine Frage der Rhetorik. Schön blöd, dich zu fragen: »Willst du jetzt endlich ins Bett???« Klar, daß du laut und vernehmlich »Nein!« sagst. Viel schlauer ist es, zu fragen: »Willst du das Apfel-Buch oder das Nina-Buch mit ins Bett nehmen?« Diese schwierige Entscheidung lenkt dich von der Tatsache ab, daß du dich bereits auf dem Weg ins Bett befindest. Nach dem Zahnputzkampf (»Mach bitte den Mund auf!« »Nö!« »Mach jetzt endlich...« »Nein«! »Gut, dann gibt's nie wieder Schokolade!«) beginnt das Abendprogramm:

Du: »Gute Nacht, Füße, schlaf schön. Gute Nacht,

Popo, schlaf schön. Gute Nacht, Bauch, schlaf schön...«

Ich: »Und der Leo schläft jetzt auch!«

Du: »Mama auch, dahin!« (Du drückst meinen Kopf auf dein Kopfkissen.)

Ich: »Mama erzählt Dir eine Maus-Geschichte. Es war einmal eine kleine Maus...«

Am Ende der Geschichte kommt sofort ein energisches: »Nomal!« Danach bringen wir gemeinsam alle Freunde, Nachbarn und Verwandten ins Bett:

Ich: »Der Georg?«

Du: »Schläft!«

Ich: »Die Oma?«

Du: »Schläft!«

Ich: »Der Beni?«

Du: »Schläft!« (Es folgen ungefähr zwanzig weitere Namen.) Endlich nimmst du den Daumen in den Mund, schnaufst ein paarmal, drehst dich hin und her und schläfst ein. An manchen Abenden ist es halb elf, bis du endlich Ruhe gibst. Puuh, sind eigentlich alle Kinder so anstrengend?

Ich frage eine Frau, die es wissen muß. Karin Grossmann, Entwicklungspsychologin in Regensburg, meint: »Im Prinzip ja. In diesem Alter beginnt das, was wir ›Abgrenzung‹ nennen. Die Kinder beginnen, ihre eigenen Pläne und Ideen zu verfolgen. Um das zu können, müssen sie erst mal Nein sagen.«

Aha, deshalb also. Denn eigentlich kriege ich zur Zeit auf jede Frage ein Nein zur Antwort. »Oft meinen die Kinder gar nicht wirklich nein. Aber um rauszufinden, was sie wollen, müssen sie das Angebot oder die Vorschrift der Eltern erst einmal zurückweisen«.

Gelegentlich stellst du dir auch selbst eine Falle, wenn du vor lauter Ablehnung gar nicht mitgekriegt hast, was im Angebot ist:

Ich: »Willst Du einen Keks?«
Du: »Nein!«
Ich: »Willst Du ein Stück Kuchen?«
Du: »Nein!«
Ich: »Gut, dann eben nicht!«
Du: »Doch!«
Ich: »Na, was denn jetzt?«
Du: »Kuchen. Nein! Keks. Kuchen!« (Rest geht in Gebrüll unter.)

Manchmal tust du mir richtig leid. Alles, was Spaß macht, ist verboten, und ständig heißt es: »Mach dies, tu jenes, laß das, Finger weg, aufpassen!« So ein Kinderleben ist ganz schön hart, und ich verstehe, daß du dich manchmal einfach sperrst. »Eltern wollen alles unter Kontrolle haben und bestimmen. Es ist eine enorme Anstrengung für Kinder, eigene Vorstellungen zu entwickeln und durchzusetzen. Es gibt drei Bereiche, wo ein Kind in diesem Alter nicht gezwungen werden kann: Essen, Schlafen und Ausscheidung. Deshalb findet die Verweigerung meist auf einem dieser Gebiete statt«, beschreibt Frau Grossmann ihre Erfahrungen.

S timmt, die größten Kämpfe haben wir um das Schlafen, und dabei ziehe ich regelmäßig den kürzeren. Das Topfsitzen hingegen ist eine deiner Lieblingsbeschäftigungen – vermutlich, weil ich in diesem Punkt nicht besonders ehrgeizig bin. Was das dritte Krisengebiet, das Essen, betrifft, habe ich mir inzwischen eine fatalistische Einstellung ange- eignet. Wenn du willst, dann ißt du, und wenn nicht, dann läßt du's eben bleiben. Die Panscherei und Schmiererei trage ich mit Fassung, und so haben wir auf diesem Gebiet eigentlich kein Pro- blem mehr.

Sonst machst du aber unter Garantie immer das, was du nicht sollst. Wenn ich rufe: »Komm her!«, rennst du weg. Wenn ich dich ge- rade angezogen habe, reißt du dir die Jacke wieder runter oder ziehst die Schuhe aus (Scheiß-Klettverschlüsse)! Wenn ich dich gerade gewickelt habe, friemelst du in einer Sekunde die Klebestreifen wieder auf und verkündest: »Win- del aus!« Das ist wohl das bereits erwähnte Verfolgen eigener Pläne – und von denen hast du eine Menge!

Allmählich kann man aber in Verhandlungen mit dir treten. Zweijährige entwickeln bereits eine Vorstellung von Zeit, wie Frau Grossmann bestätigt. »Das Erstrebenswerte sollte aber nicht in zu weiter Ferne liegen. Der Begriff ›morgen‹ ist für einen Zweijährigen noch nicht zu fassen.« Ein Vorschlag wie »jetzt räumen wir zusammen die Bauklötze auf, und dann machen wir Abendessen« stößt bei dir aber durchaus auf Verständnis. Überhaupt machst du unheimlich gerne etwas mit mir oder Peter zusammen. Beim Gartensprengen hältst du mit wichtiger Miene den Schlauch fest und bist unheimlich eifrig. »Blumen duschen« nennst du das und es gehört zu deinen liebsten Tätigkeiten. Meistens heißt es natürlich: »Leo selber« oder »Leo leine«, und mit gemischten Gefühlen schauen wir zu, wie du die schöne Keramikschüssel von der Spüle zum Schrank trägst oder ohne Hilfe aus deinem Hochstuhl kletterst. Selbst ist das Kind, und schließlich sollst du dir später mal was zutrauen. »Die Entdeckung, daß es etwas kann, ist das Schönste für ein Kind«, bestärkt uns die Psychologin. Manchmal hilft es nichts, dann muß man dich davon abhalten, an der Ampel aus dem Buggy zu steigen oder einen Briefbeschwerer als Wurfgeschoß zu verwenden – und dann kriegst du einen Wutanfall. Karin Grossmann: »Es gehört einfach zu den Lernerfahrungen dieser Phase, daß es Verbote gibt. Oder daß die

40

Entscheidung für eine Sache bedeutet, daß man eine andere nicht haben kann. Das ist schmerzlich aber unvermeidlich.«

Mein lieber, kleiner Sohn. Du siehst, es ist nicht immer einfach mit dir, trotzdem bist du ein bezaubernder und liebenswerter Bursche! Seit du angefangen hast zu sprechen, überraschst du uns täglich aufs neue, und es gibt ständig was zu Lachen.

Du hast morgens die Augen noch nicht auf, da geht schon dein Mundwerk los. »Paaapa! Milch!« lautet der erste Befehl, und Papa spurt sofort. Immer wieder setzt du dann die Flasche ab, um wichtige Mitteilungen zu machen. »Der Leo schön schlaft«, heißt es dann oder in Vorfreude auf kommende Heldentaten: »Der Leo den Ball runterschmeißen.« Dann gibst du die leere Flasche zurück und sagst »Danke!«. »Der Leo jetzt aufstehen« ist das nächste, und schon ziehst du den Reißverschluß deines Schlafsacks auf. Ab dann gibt's kein Halten mehr, und voller Tatendrang stürzt du dich in den Tag. Mit dem »Staubsauber« willst du spielen, oder »Nosik« (Musik) hören. »Tina Törner« konstatiertest du kürzlich mit Kennermiene, als eine Frau im Radio sang. Und beim Löffeln einer Eiskugel sagtest du plötzlich: »Köstlich!« in einem Tonfall, daß die ganze Tischrunde in Gelächter ausbrach.

Wenn du dann am Ende eines Tages im Bett liegst, mein Gesicht in deine Hände nimmst und sagst: »Duuu, Mama: Der Leo ein Tiger!« und gleich darauf: »Mama lieb! Mama sehr lieb!« – dann bin ich restlos glücklich, daß es dich gibt!

Alles Gute zum Geburtstag!
Deine Mama

Gemischte Gefühle

Lena ist schwanger, Fränze ist schwanger, Manuela ist schwanger. Alle erwarten ihr zweites Kind. Und: Alle drei haben zur gleichen Zeit wie ich ihr erstes Kind gekriegt. Jakob, Rosa, Max und Leo sind nur wenige Wochen auseinander. Nach zwei Jahren sind meine Freundinnen in der zweiten Runde. Und ich bin nicht dabei.

Eine Mischung aus Neid und Erleichterung bemächtigt sich meiner beim Anblick ihrer sich rundenden Bäuche. Einerseits bin ich heilfroh, daß ich nicht unbeweglich, nach Luft japsend und von pausenlosem Pipi-Drang gequält durch die Gegend schieben muß. Daß keine Geburt, keine schlaflosen Nächte, keine Stilleinlagen und keine Anti-Bläh-Tropfen auf meinem Programm stehen. Andererseits wünsche ich mir doch, diese unglaubliche Erfahrung, ein Kind zu kriegen, noch ein zweites Mal zu machen – mit allem, was ich jetzt darüber weiß. Außerdem denke ich, daß Leo sich ein Geschwisterchen wünscht oder daß es auf jeden Fall »besser« für ihn wäre, wenn er eines hätte. Man kennt ja die dramatischen Schilderungen von Einzelkind-Schicksalen. Einsam und freudlos ist so eine Kindheit ohne Geschwister, und unweigerlich werden aus den bedauernswerten Wesen altkluge und unsympathische Streber. Nein, so einer soll Leo nicht werden, und deswegen muß ein Geschwisterchen her, ob er will oder nicht!

Die Schauergeschichten vom armen Einzelkind spuken in vielen Elternköpfen herum. Oft dienen sie nur als Begründung für den Wunsch nach einem zweiten Kind. Warum eigentlich?
Wohl niemand setzt ein zweites Kind in die Welt, damit dem ersten nicht so langweilig ist. Der Wunsch nach Kindern ist rational schwer zu begründen, er ist einfach da. Auch wir wünschen uns ein zweites Kind, nur im Moment geht für mich der Beruf vor.
Es ist ja auch gar nicht gut, wenn Kinder zu schnell nacheinander kommen. Oder nein, andersherum: Der Abstand sollte nicht zu groß sein. Oder wie war das noch?

Ich bin hin- und hergerissen, finde täglich neue Argumente für den Zeitaufschub, und im nächsten Moment beschleichen mich wieder Zweifel. Was ist schon beruflicher Erfolg gegen ein glückliches Familienleben? (Schließt sich das eigentlich gegenseitig aus?) Was ist, wenn es vielleicht bis in ein, zwei Jahren nicht mehr klappt? (Bei Frauen ab 35 läßt die Fruchtbarkeit rapide nach, habe ich kürzlich gelesen.)

»Ich hätte in zwei oder drei Jahren keinen Nerv mehr, mit dem ganzen Kinderkram von vorne anzufangen«, erklärt Lena kategorisch. »Ich zieh' das jetzt in einem Rutsch durch, und dann ist Schluß mit dem Thema.« Stimmt schon, man wird ja nicht jünger, die Nerven werden nicht besser, und man ist in Übung, wenn das Erste noch klein ist.

Auf der anderen Seite: Gerade hat man die härteste Zeit hinter sich, schläft mal wieder eine Nacht durch, kann mal eine Reise machen oder was ohne Kind unternehmen – und schon soll man wieder rund um die Uhr nur Mutti sein? Stöhn.

Offenbar ist es ein gewaltiger Unterschied, ob man ein oder zwei Kinder hat, wenn ich den Schilderungen meiner Freundinnen Glauben schenken soll. Alle fanden es schwieriger, den Schritt vom ersten zum zweiten zu machen, als sich überhaupt an ein Leben mit Kind zu gewöhnen.

Daniela: »Ein Kind nimmst Du leicht mal mit oder bringst es wo unter – mit zweien ist alles komplizierter. Einkaufen, verreisen, einen Besuch machen – alles eine Riesenaktion.« Ungleich größer als mit einem Kind wird der Streß für die berufstätige Mutter. »Ein Kindergartenkind und ein Baby zu koordinieren, eine Betreuung für zwei zu finden, das erhöhte Krankheitsrisiko, weil immer eines das andere ansteckt – da brauchst du Nerven wie Drahtseile und ein Netz von Leuten, die im Notfall einspringen können«, warnt mich die praktische Dorothee.

Manuela, die gerade im Begriff war, sich beruflich wieder einzuklinken, war von diesen Aussichten alles andere als begeistert. »Ich dachte, mich trifft der Schlag, als ich erfuhr, daß ich wieder schwanger bin. Max war noch nicht mal ein Jahr alt, ich hatte noch die Kilos von der ersten Schwangerschaft drauf, und nun das Ganze nochmal!« Meine Freundin Fränze sieht das gelassen. »Ich möchte schließlich vier Kinder haben, da muß es mal vorwärtsgehen!«
Auch ich dachte früher: Wenn schon Kinder, dann viele. Sie toben fröhlich durchs Haus, machen alleine ihre Schulaufgaben und helfen im Haushalt, während ich ungestört meinem Beruf nachgehe und viele gute Bücher lese. Im Alter bin ich nicht alleine, weil irgendeines meiner Kinder sich immer um

mich kümmert – herrlich! Seit aus der grauen Theorie die bunte Praxis wurde und ich tatsächlich Mutter bin, reduzierte sich die Kinderschar aus meinen Träumen auf das solide statistische Mittel einer netten Kleinfamilie: zwei Kinder. (In ganz wagemutigen Momenten kann ich mir drei vorstellen, aber dann holt mich Peter schnell zurück auf den Boden.) Überhaupt: Die Männer haben ja auch ein Wörtchen mitzureden bei der Diskussion ums zweite Kind. Bei vielen ist die Begeisterung etwas gedämpft, seit sie gemerkt haben, wie anstrengend ein Leben mit Kindern sein kann. Manche Männer werden auch schwer damit fertig, daß sie für längere Zeit nicht mehr die Nummer eins für ihre Partnerin sind, sondern diesen Platz dem Baby überlassen müssen. Wenn das erste Kind endlich ein bißchen selbständiger wird, wollen diese Väter nicht gleich einen zweiten Rivalen in ihrem Revier.

Es soll aber auch Männer geben, die einem zweiten Kind gerade deshalb positiv gegenüberstehen, weil es den Aktionsradius ihrer umtriebigen Frauen etwas einschränkt. Meistens sind das Männer, die ihre eigene Karriere für ungemein wichtig halten und dabei von ihren Partnerinnen nicht behelligt werden wollen – schon gar nicht mit der Bitte, sich mal um ihren Nachwuchs zu kümmern.

Selbst wenn der Wunsch nach einem zweiten Kind da ist, haben die meisten Männer nicht vergessen, daß die Schwangerschaft und die ersten Monate nach einer Geburt ihnen einiges abverlangen. »Bist Du dann wieder so launisch und willst die ganze Zeit Rückenmassagen?« fragte mich Peter vorsichtig, als wir über ein zweites Kind sprachen. »Neiiin!« erwiderte ich im Brustton der Überzeugung. »Ich weiß ja jetzt, wie das alles ist, und werde völlig entspannt sein!« Trotzdem schien er nicht unfroh, als wir das Thema vorerst vertagten.

Ich mache eine Umfrage unter meinen Freundinnen, wie das denn nun mit dem Altersabstand zwischen Geschwistern ist. Dorothee (4 Jahre Abstand): »Du wirst es nicht glauben, aber vier Jahre sind einfach ideal! Du hast keine Probleme mit der Eifersucht, du kannst dem älteren Kind schon was erklären, du hast nur ein Wickelkind, und zum Spielen haben beide gleichaltrige Freunde.« Victoria (1 1/2 Jahre Abstand): »Glaub mir, es ist besser, wenn die Kinder schnell nacheinander kommen. Das erste hat dann gar keine Chance, sich als Star zu fühlen, sondern gewöhnt sich gleich daran, daß noch ein anderes da ist. Und die beiden können mehr miteinander anfangen.«
Auch weitere Befragungen bringen nur ein Ergebnis: nämlich, daß Mütter sich mit dem arrangieren, was sowieso nicht zu ändern ist.
Manchmal frage ich mich auch, ob ich ein zweites

Kind ebenso lieben könnte wie mein erstes. Kann man das nochmal erleben, diese totale, bedingungslose Hingabe an ein anderes Wesen? Hat man wieder die Geduld, das schreiende Baby nächtelang durch die Gegend zu tragen? Bringt man ein zweitesmal die Bereitschaft auf, monatelang als wandelnde Milchbar herumzuspazieren und sich nie länger als für ein paar Stunden von seinem Kind zu entfernen?

Obwohl ich mich sehr freute, fühlte ich mich Rosa gegenüber wie eine Verräterin, als ich erfuhr, daß unser zweites Kind unterwegs ist«, beschreibt Fränze ihre Gefühle. »Wie sollte ich ihr das klarmachen, daß da plötzlich ein anderes Baby kommt und ihr den Rang streitig macht?« Noch extremer empfand es Manuela: »Zuerst habe ich mich überhaupt nicht freuen können. Ich wollte mich am liebsten bei Max entschuldigen. Dann dachte ich: Ich liebe Max so sehr, da ist kein Raum für ein anderes Kind.« Beruhigendere Auskünfte bekam ich von Dorothee: »Mach Dir keine Sorgen, Du wirst das zweite genauso lieben wie das erste. Dafür sorgt die Natur schon.«

Mein schwangeres Freundinnen-Trio nähert sich unaufhaltsam der Niederkunft. Ein bißchen wehmütig werde ich sein, wenn ihre Babys da sind, und gleichzeitig erleichtert. Wir werden uns gegenseitig erzählen, wie schön und anstrengend es ist, einen Beruf auszuüben, und wie schön und anstrengend es ist, zwei Kinder zu haben. Meine Freundinnen werden mich beneiden, und ich werde sie beneiden. Aber Mädels, damit das klar ist: In der nächsten Runde bin ich wieder mit dabei!

1 Jahr

Gewisse Vorlieben müssen erblich sein: Leo telefoniert.
»Jaja« nennt er den Apparat, drückt die Tasten und brabbelt in
den Hörer. Mehrfach fanden wir ihn im Gespräch mit wild-
fremden Leuten. Da auch seine Eltern furchtbar gern mit dem
Telefon spielen, gibt es gelegentlich Konflikte. Zum Glück
verfügen wir über einen zweiten Anschluß im Büro von Peter.
Der staunte nicht schlecht, als es neulich bei ihm
klingelte und ein gewisser »Jaja« mit ihm sprechen wollte.
Das findige Kind hatte die Wieder-
holungstaste mit Papas Telefonnummer gedrückt!

51

Störenfried

Als ich noch meinen dicken Bauch durch die Gegend schob, war alle Welt begeistert. »Ach, Sie bekommen ein Kind, wie schön! Wann ist es denn soweit? Wird's ein Bub oder ein Mädel?« So klangen die begeisterten Ausrufe meiner Mitmenschen. Lange nicht mehr so begeistert waren diese Mitmenschen, als ich wenig später versuchte, mit dem sperrigen Kinderwagen eine U-Bahn zu entern oder durch die engen Gänge eines Supermarktes zu manövrieren. Da war das nun nicht mehr platzsparend verpackte Kind bereits ein Störfaktor im reibungslosen Ablauf der Erwachsenenwelt.

Wie eine schamlose Erregerin öffentlichen Ärgers und obendrein wie eine Exhibitionistin fühlte ich mich, wenn ich irgendwo stillen mußte. »Kann die

das nicht zu Hause machen?« fragten mich die Mit-menschen-Blicke, und zerknirscht antwortete ich innerlich: »Ja, schon, aber dann darf ich nie mehr das Haus verlassen, denn ich weiß nun mal nicht, wann mein Sohn Hunger kriegt.«

Nahmen wir das Baby mit ins Restaurant, wur-den wir argwöhnisch beäugt. Daß das Balg bloß nicht losplärrt! Unsere Nervosität übertrug sich natürlich auf das Kind, und bald brüllte Leo tatsächlich, was mich oder meinen Mann zum fluchtartigen Verlassen des Etablissements brachte. Einer von uns blieb immer hungrig – und der an-dere mit schuldbewußter Miene im Lokal zurück.
Die Begeisterung über unseren Familienzuwachs ließ auch bei unseren kinderlosen Freunden bald nach. Das anfängliche Interesse verwandelte sich in ein gewisses Unverständnis über unsere mangelnde Spontaneität. Manch lieber Freund konnte einfach nicht begreifen, daß junge Eltern nicht zu belie-bigen Zeiten ins Kino gehen können – schon gar nicht zusammen. Oder daß wir uns an ausgiebigen nächtlichen Trinkgelagen nicht mehr beteiligen wollten. Daß die Gespräche sich nur noch um Kin-derkram drehten, wurde bemängelt. Und daß wir sowieso lieber mit den Freunden zusammen wären, die auch Kinder hätten.
Stimmte ja auch. Wer selbst gerade mit schlaflosen

Nächten, Stillproblemen und Blähungen zu kämpfen hat, kann einfach besser nachvollziehen, wie es einem geht. Und wenn die eigenen Kinder größer sind, ist man ohnehin gut beraten, sich Freunde mit gleichaltrigen Kindern zu suchen. Jeder Nachmittagskaffee, jeder Ausflug und besonders Urlaubsreisen sind bedeutend entspannender für uns, wenn Spielkameraden für unseren Sohn dabei sind.

Wie anstrengend dagegen ein Besuch mit Kind/ern in einem kinderlosen Haushalt! Woher soll Leo (2) wissen, daß die Hauskatze »leider keine Kinder mag«, daß die alte Gitarre in der Ecke ein wertvolles Erbstück ist, daß man auf dem empfindlichen Teppichboden »eigentlich nicht« spielen sollte und daß die Pflanze, die er gerade plattgetreten hat, eine japanische Zwergmagnolie war? Wenn nach spätestens einer Stunde die Gastge-

ber vorsichtig fragen: »Kleine Kinder schlafen doch viel, wollt Ihr ihn nicht mal ein bißchen hinlegen?« – dann ist das für uns das Zeichen zum Aufbruch. Ohne jeden Groll, ganz ehrlich. Aber um die Erfahrung reicher, daß das Leben von Nicht-Kinderbesitzern mit dem von Kinderbesitzern kaum kompatibel ist.

Schade, daß nicht mal die Betroffenen solidarisch sind. Ist ein Kind aggressiv, geht auf Kleinere los oder rauft um Spielzeug, ist das für die Mutter peinlich genug. Statt ihr verständnisvoll zuzuzwinkern, rücken die anderen Mütter zusammen und werfen empörte Blicke auf den Missetäter. Das führt dazu, daß man sich in der Öffentlichkeit ständig gezwungen sieht, sein Kind zu maßregeln. Zum Beispiel, wenn Leo das Nachbarskind mit Sand bewirft. Meiner Überzeugung nach sollten Eltern sich nicht in die Händel ihrer Kinder einmischen. Außerdem ist das Nachbarskind auch kein Engel. Weil aber die Nachbarin zuschaut, fühle ich mich verpflichtet, demonstrativ mit meinem Sohn zu schimpfen.
Kinder spüren sehr schnell, wenn ihre Eltern in Streß geraten, weil sie Angst vor den Reaktionen ihrer Umgebung haben. Im Regelfall fordert es sie heraus, sich noch schlechter zu benehmen – wann hat man schon Gelegenheit, die Eltern mal richtig in Verlegenheit zu bringen? Das mußte auch Doro-

thee erfahren, deren fünfjährige Tochter eine Zeit-lang folgendes Spiel aufführte: Sobald sie ihren Willen nicht bekam, warf sich das Kind, gegen das niemals ein Erwachsener die Hand gehoben hatte, auf den Boden und schrie melodramatisch: »Nicht schlagen, bitte nicht schlagen!« Die Umstehenden sahen sich interessiert das Spektakel an, während die gepeinigte Mutter in den Boden versinken wollte. Noch schwieriger ist es, wenn man es mit Leuten zu tun hat, die kleine Kinder sowieso für eine Strafe Gottes halten. Kürzlich dekorierte Leo im Biergarten den Nebentisch mit ein paar (winzigen!) Kieselsteinen, was zweifellos als Sympathiebeweis für die beiden dort sitzenden älteren Damen zu werten war. Dezentes Stirnrunzeln und ein verkniffenes Mündchen signalisierten mir, daß sich die Begeisterung der Damen in Grenzen hielt. Wie hätte ich reagieren sollen? So tun, als hätte ich nichts gesehen? Dem Knaben Einhalt gebieten? Ich habe mich entschlossen, den Vorgang zu ignorieren. Ist doch nicht mein Problem, wenn die Damen keine Kieselsteine mögen.

Die Ablehnung, die Kindern entgegenschlägt, ist meist unterschwellig – das macht es so schwer, darauf zu reagieren. Wenn mir ein Freund sagt: »Kommt doch mal wieder vorbei, aber laßt eure kleine Nervensäge zu Hause, damit wir ungestört reden können«, dann ist das in Ordnung. Ich kann schließlich auch begreifen, daß einem Kinder auf den Wecker gehen können. Wenn aber Leute im Restaurant, im Zug oder im Wartezimmer ärgerlich rüberschauen, tuscheln oder durch ihre ganze Körpersprache ausdrücken, wie störend sie mein Kind finden, dann bin ich hilflos. Denn kaum jemand hat den Mut, auf die Frage: »Stört Sie mein Kind?« wahrheitsgemäß mit »Ja« zu antworten. So entsteht dieses latent gespannte Klima, in dem wir Mütter unsere Kinder am liebsten fesseln und ihnen die Münder mit Tesakrepp verkleben würden, damit sie bloß niemandem zur Last fallen.

Bereitwillig tolerieren wir Straßenlärm, Tiefflieger,

1 Jahr

Münchner Filmfest 1992. Sonntagnachmittag. Vater und Mutter haben sich in die VIP-Lounge gemogelt und trinken Kaffee, Kind macht Gehübungen zwischen den Cineasten. Unruhe unter den Gästen, Fotografen belagern den Eingang. Der Ehrengast des Festivals, Audrey Hepburn, erscheint. Vater und Mutter versinken in Anbetung. Das Kind schlängelt sich unbemerkt durch den Wald aus Erwachsenenbeinen. Mit einem Jauchzer steuert es auf den Weltstar zu. Die Mutter macht einen Hechtsprung von ihrem Barhocker und bekommt den Knaben zu fassen – Sekunden bevor er die Knie der berühmten Dame umklammern kann. Ein amüsierter Blick aus den einzigartigen Rehaugen fällt auf ihn. Ach Leo, wie nah warst du dem Glück!

blödes Stammtischgegröle und andere, von Erwachsenen verursachte Störungen. Aber wehe, Kinder lassen ihrer Lebenslust geräuschvoll freien Lauf – da hört der Spaß auf! Kinder müssen aber mal laut sein, sie müssen mal aggressiv und frech sein dürfen. Erwachsene müssen das aushalten können. Eltern müssen es ertragen, wenn ihre Sprößlinge mal anecken. Wer sich von Kindern stören läßt, ist selbst schuld. Statt Rücksicht auf die Kinderfeinde um uns zu nehmen, sollte man ihnen die Chance geben, sich an Kinder zu gewöhnen. Nicht Kinder sind schließlich eine Zumutung – viele Erwachsene sind es!

Die Spielzeugflut

Ausmisten im Kinderzimmer. Die Babyrassel – ab in die Kiste mit »rausgewachsenem« Spielzeug. Der Wasserball? In den Schrank mit »Sommersachen«. Die kaputte Spieluhr? In den Müll. »Neiiin!« protestiert Leo bei jedem Teil. »Meins!« Erstaunlich, was schon ein Zweijähriger für Spielzeugberge angehäuft hat – dabei sammelt er ja erst so kurz. Wie viele Tonnen werden es sein, wenn er fünf, acht oder vierzehn ist?

Wieviel Spielzeug ist gut für mein Kind? Welches Spielzeug paßt zu welchem Alter? Welche Wünsche soll ich erfüllen, welche nicht? Schwierige Fragen.

Leo war gerade anderthalb, da bekam er Besuch von seinem etwas älteren Freund Alexander. Dieser war im Besitz eines bunten Kinder-Kassetten-Recorders mit einer beeindruckenden Zahl von Knöpfen. Leo war total fasziniert. Stundenlang spulte er hin und her, drückte die Knöpfe und fand den Apparat großartig.

Schließlich erbarmte sich Alexanders Mutter und schenkte ihm die Wundermaschine zum Geburtstag. Er freute sich, aber es war offensichtlich, daß er mit der eigentlichen Funktion noch nicht viel anfangen konnte. Die Musik interessierte ihn viel weniger als die Frage, ob man mit dem Hammer auf die Knöpfe hauen kann. Da beschloß ich, den Apparat so lange wegzupacken, bis Leo alt genug ist, damit umzugehen.

Dieser Vorfall machte mir deutlich, daß es wichtig ist, den richtigen Zeitpunkt für eine Anschaffung oder ein Geschenk abzuwarten. Nur weil Leo – inzwischen zweieinhalb – es zur Zeit lustig findet, auf der Gitarre seines Vaters herumzuschrammeln, wäre es verfrüht, ihn zur Gitarrenstunde anzumelden. Als er aber wochenlang Interesse an unserem Badminton-Spiel zeigte, schenkten wir ihm ein Federballspiel, an dem er den ganzen Sommer hindurch den größten Spaß hatte. Erheblichen Anteil an diesem Spaß hatte übrigens die Tatsache, daß man Federball zu zweit spielt. Mit jemand zusammen was zu machen, finden Kinder meistens am tollsten.

Nicht immer sind es die teuren Sachen, für die sich Kinder begeistern. Das Lieblingsspielzeug von Rosa (knapp 3) sind derzeit zwei bunte Holzperlen. Die gelbe ist Mama, die blaue Papa. Sie spielt ganze Psychodramen in dieser Besetzung und geht ohne die beiden nicht ins Bett. Leo liebt von allen seinen Sachen am meisten einen kleinen, weichen Stoffball, der einst eine Spieluhr zierte und nun in tausendfacher Funktion in seinen Spielen auftaucht. Wochenlang war ein einfacher Holzstock sein wichtigstes Requisit, und er schmeißt jedes Spielzeug weg, wenn einer von uns ein Bilderbuch mit ihm anschaut oder eine Geschichte erzählt.

Aber auch er bekommt leuchtende Augen beim Anblick eines Traktors, einer tollen Eisenbahn oder eines schnittigen Dreirades. Ein Dreirad bekam er dann auch zum Geburtstag. Seine Omi freute sich übrigens sehr, als wir sie baten, sich doch daran zu beteiligen. Ich habe die Erfahrung gemacht, daß Paten, Onkel und Tanten dankbar sind für einen Tip und sich auch gerne zu einem größeren Geschenk zusammentun.

Ich selbst kenne als mehrfache Patentante und Freundin zahlreicher Mütter die Probleme, vor die einen Kindergeburtstage und ähnliche Anlässe stellen. Süßigkeiten werden von Kindern geschätzt, nicht aber von den Müttern. Mit Kleidung macht man den Müttern eine Freude, aber nicht den Kindern. Bleibt nur Spielzeug. Und obwohl viele Eltern über die Spielzeugflut klagen – es wird eben doch erwartet, daß man nicht mit leeren Händen kommt.

Um eine weitere sinnlose Anhäufung von Gegenständen zu vermeiden, frage ich meist vor dem Besuch an, womit ich wirklich eine Freude machen kann. Dabei stellt sich dann zum Beispiel heraus, daß gerade der Lieblingsbrummkreisel kaputt gegangen ist. Nichts leichter, als mit einem neuen einen Volltreffer zu landen! Das Würfelspiel hingegen gibt's womöglich schon zweimal und wird deshalb besser für ein anderes Kind aufgehoben. Dankbar bin ich auch immer, wenn ich zu bereits vorhandenen Systemen (Plastikbausteinen oder -bausätzen, Holzschienenbahn und so weiter) etwas dazuschenken kann. Deshalb am besten beim eigenen Kind frühzeitig auf ein oder zwei Systeme festlegen.

Eine harte Geduldsprobe sind Besuche bei anderen Kindern. Selbst wenn das eigene Zimmer überquillt, findet jedes Kind die Spielsachen ande-

rer Kinder tausendmal spannender. Deshalb gibt es beim Abschied fast immer Tränen. Ist ja auch schwer zu verstehen, warum Mami einen erst mittenrein setzt in so ein Spielzeugschlaraffenland, und zwei Stunden später soll man alles wieder hergeben. Leo fixiert sich meistens auf einen Gegenstand, den er unter keinen Umständen rausrücken will. Weil seine kleinen Freunde auch bei uns einiges hochinteressant finden, hat sich inzwischen ein komplexes System von gegenseitigen Leihgaben gebildet. Leo darf den Ball von Naomi mitnehmen, dafür kriegt Magdalena den kleinen Hund geliehen – aber nur, wenn sie den Frosch wieder hergibt, den sie letztes Mal mitnehmen durfte...

Beim Spiel in fremden Kinderzimmern stoßen Kinder auch auf Spielzeug, das traditionell dem anderen Geschlecht vorbehalten ist. Zu diesem Thema gibt es die unterschiedlichsten Ansichten. Feministisch angehauchte Mütter plädieren dafür, kleinen Jungen Puppen und kleinen Mädchen Autos zum Spielen zu geben. Aus den Jungen werden dann angeblich keine Machos und aus den Mädchen keine Hausmütterchen. Ich persönlich meine, man soll Kinder mit dem spielen lassen, was ihnen Spaß macht. Sollte sich Leo tatsächlich innigst einen Puppenwagen wünschen, würde ich ihm einen schenken. Sollte er ein Rennauto vorziehen –

bitte schön! Eine dritte Ansicht vertritt meine Freundin Daniela: »Ich wollte es lange nicht wahrhaben, aber mittlerweile bin ich sicher: Es gibt ein ›Puppen-Gen‹ bei Mädchen und ein ›Pistolen-Gen‹ bei Jungen! Mein Sohn und meine Tochter interessieren sich für grundsätzlich andere Dinge.«

Diplom-Psychologin Karin Grossmann bestätigt diese Beobachtung: »Da ist auch aus wissenschaftlicher Sicht etwas dran. Untersuchungen beweisen, daß sich die hormonellen Unterschiede zwischen Jungen und Mädchen auf ihr Spielverhalten und ihre Interessen auswirken.« Aha, da haben wir's wieder: Wir können uns noch so große Mühe geben mit der Erziehung – bestimmte Vorlieben bringen unsere Kleinen einfach mit!

Hat es Sinn, bestimmte Spielsachen zu tabuisieren und völlig zu verbieten? Ich glaube, nicht. Viel eher geht es doch darum, einen vernünftigen Umgang damit zu proben und dem Kind verständlich zu

1 Jahr

Manchmal beneide ich Leo um sein Weltbild: Alle Lebewesen (außer Menschen) sind »wawa«, also auch Fliegen, Spinnen, Ameisen, Katzen, Kühe und Pferde. Alles, was Räder hat oder sich vorwärts bewegt, ist »brrm, brrm«. Und dann gibt's noch die Sachen zum Essen, die heißen »mmh!« Muß man mehr wissen?

machen, warum man manche Spielsachen nicht mag. Daß man Barbie langweilig findet, weil sie sich nur für ihre Haare und ihre Kleider interessiert. Daß Waffen im wirklichen Leben Menschen verletzen und töten können.

Ich erinnere mich, daß unsere Eltern sich weigerten, uns »Schund« zu schenken. Kam er auf andere Weise ins Haus, wurde er »geächtet«, aber nicht gewaltsam entfernt. Sonst wäre er ja erst richtig interessant geworden. Außerdem haben unsere Eltern darauf vertraut, daß wir phantasievolle Kinder waren und daß es uns nicht gereicht hätte, uns nur mit »blödem« Spielzeug zu beschäftigen. Und so war es auch. Mit einer Knarre kann man halt einfach nur schießen, und das wurde uns schnell langweilig.

Tanz um den Topf

Als Leo ein Jahr alt war, bekam er einen Topf geschenkt. »Weil er doch schon ein großer Junge ist«, bemerkte Tante Martha, die edle Spenderin. Das fand Leo auch und schob fortan den Topf mit viel »brumm-brumm« durchs Badezimmer. Natürlich hat ein einjähriges Kind noch nicht die geringste Ahnung, wozu das Töpfchen dienen soll. Deshalb fragte ich Tante Martha, was sie wohl damit bezwecken wollte. Die Antwort fiel aus wie befürchtet: »Du solltest jetzt unbedingt mit der Sauberkeitserziehung beginnen. Je früher, desto besser! Ich war mit anderthalb sauber!«

Daß auch Tante Martha irgendwann ein Baby gewesen war und auf dem Topf gesessen hatte, konnte ich mir nur schwer vorstellen. Im Geiste sah ich

ihren Vater, einen preußischen Offizier, wie er mit erhobener Reitpeitsche die kleine Martha zur Sauberkeit erzog. Arme Tante Martha, ihr Schicksal sollte meinem Sohn auf jeden Fall erspart bleiben!

Ich setzte also zu einem längeren Vortrag an, in dem ich ihr einige Erkenntnisse neueren Datums nahebrachte. Zum Beispiel, daß Kinder vor ihrem zwanzigsten Lebensmonat nicht in der Lage sind, ihren Schließmuskel zu kontrollieren. Daß eine zu frühe und ehrgeizige »Sauberkeitserziehung« ein Kind überfordert und meistens nicht den gewünschten Effekt hat. Daß die körperliche Entleerung – ähnlich wie das Essen – eine lustvolle Erfahrung sein sollte, weil Störungen sonst vorprogrammiert sind. Und daß ich vermutete, daß Tante Martha viele, viele Stunden ihres Babylebens auf dem Topf zugebracht hatte, was zwangsläufig irgendwann

2 Jahre
Leo ist das erste Mal am Meer. Selig balanciert er an meiner Hand die Hafenmauer entlang. Aufgeregt gibt er bekannt: »Der Leo Mäuerchen laufen und Boote schauen! Der Leo sagt: Oh, Wahnsinn!«

zu einem Erfolg führen mußte. Um es gleich vorwegzunehmen: Ich konnte sie nicht überzeugen. Tante Martha beharrte darauf, daß ein »sauberes« Kind ein erstrebenswertes Ziel sei und eine »gute« Erziehung diesen Vorgang beschleunige. Soviel ich weiß, glauben eine Menge Leute diesen Unfug.

Wir jedenfalls sperrten das Töpfchen weg, und Leo füllte weiterhin Windel um Windel. Als er ungefähr 20 Monate alt war, ließen wir ihn ein paarmal »probesitzen«. Er fand das spaßig, und siehe da: Irgendwann war ein kleiner See im Topf. Der löste bei Mama und Papa große Begeisterung aus. Als danach tagelang wieder die Windel naß war, wurde das gar nicht erwähnt. Die nächste Pfütze hingegen wurde wieder begutachtet und gelobt. Wir setzten Leo auch nicht, wie Tante Martha empfohlen hatte, zu bestimmten Zeiten auf den Topf, sondern dann, wenn sowieso ein Windelwechsel anstand. Er fand diese Sitzungen durchaus spannend. Manchmal stand er fünfmal auf, um nachzusehen, ob schon was drin war. Dann saß er wieder eine halbe Stunde drauf, ohne daß sich was tat – wollte aber auch nicht aufstehen. Manchmal wollte er einfach gar nicht auf den Topf, und das war dann auch in Ordnung. So ging das viele Wochen, und niemand maß dem Thema besondere Beachtung bei. Kurz vor seinem zweiten Geburtstag dann das große

Ereignis: das erste Aa-Würstchen, wie es von Leo getauft wurde. Die Resonanz war beachtlich, und Leo strahlte vor Stolz. Er entwickelte bald einen gewissen Ehrgeiz, die Würstchen zu produzieren, vermutlich, weil er es so toll fand, sie ins Klo zu kippen und die Spülung zu drücken. Kurz darauf begann er, die großen Geschäfte verbal mitzuteilen – allerdings meistens erst, wenn's passiert war. Deshalb trug er trotz steigender Erfolgsquote weiterhin eine Windel. Das fand Tante Martha bei einem ihrer Besuche völlig idiotisch. »So lernt er es doch nie!« meinte sie kategorisch. »Laßt ihn ein paarmal in die Hose machen, dann merkt er, wie unangenehm das ist.« Wie unangenehm ich es finde, vollgemachte Hosen zu waschen, interessierte sie natürlich nicht.

Nicht alle Menschen in unserem Umfeld waren so unzufrieden mit unseren Erfolgen wie Tante Martha. Bärbel, eine Freundin mit einem gleichaltrigen Sohn, wurde blaß vor Neid, als sie hörte, daß Leo schon auf den Topf ging. »Johannes brüllt los, wenn wir ihn nur draufsetzen wollen. Ich glaube nicht, daß wir ihn sauber kriegen, bevor er drei ist.« Na und? dachte ich bei mir. Ich fragte

2 1/2 Jahre
Leo: »Ich bin sooo genervt!« Ich: »Ja, warum denn?«
Leo: »Ich hab' schlecht geschlafen!«

mich: Warum sind die meisten Mütter so scharf drauf, daß ihre Kinder schnell aus den Windeln kommen? Für mich sind die Vorteile nicht so offensichtlich, denn kaum hat ein Kind keine Windel mehr an, wird es zum Beispiel unterwegs furchtbar umständlich. Kinder müssen immer dann, wenn kein Klo in der Nähe ist. Die Klos auf Rastplätzen oder in Restaurants sind oft so schmutzig, daß man ein Kind nicht draufsetzen kann. Und in der Anfangszeit ohne Windel passieren immer wieder Unfälle – natürlich dann, wenn man keine Ersatzklamotten dabei hat. Wie entspannend ist es dagegen zu wissen, daß das Kind eine Windel um hat und absolut nichts passieren kann!

Als Leo zweieinhalb war, schlief er nachts ohne Windel und kündigte tagsüber an, wenn er Pipi oder Aa mußte. Wir waren selbst erstaunt über diesen schnellen Erfolg. Besonders, weil wir keinen Ehrgeiz in dieser Richtung entwickelt hatten. Lag womöglich gerade darin das Geheimnis? Sabine bestätigte diese Vermutung: »Beim ersten Kind machte ich ziemlichen Druck und war oft sauer, wenn David in die Hose machte. Er hat mich zur Verzweiflung gebracht, weil ich das Gefühl hatte, er macht es mit Absicht. Bei Lukas war ich viel gelassener und ließ ihn das Tempo vorgeben. Er mochte den Topf nicht, er wollte gleich aufs Klo. Nachts brauchte er noch lange eine Windel, aber tagsüber war er mit gut zwei Jahren trocken.«

Wir wähnten uns schon im Besitz eines Wunderkindes. Aber wir hatten uns zu früh gefreut: Plötzlich passierten gleich mehrere Malheurs. Zuerst nachts – gut, dachte ich, das kommt vor. Dann ging es aber auch tagsüber wieder los. Alle zwei, drei Tage hieß es: »Hab' in die Hose gemacht!« Anfangs nahmen wir's gelassen. Dann fragten wir uns, ob wir was falsch gemacht hätten. Hatten wir Leo überfordert? War er vielleicht krank? Protestierte er auf diese Art gegen das erwartete Geschwisterchen? Wir waren ratlos.

Wir wollten keinen Druck machen, aber vielleicht konnte man ihn ja mit guten Argumenten beeindrucken? Mit »Kinder, die noch in die Hose machen, dürfen nicht in den Kindergarten!« versuchten wir es. »Will gar nicht in den Kindergarten!« konterte er ungerührt. »Wenn du weiter in die Hose machst, kriegst du wieder Windeln an!« »Georg hat auch noch Windeln«, tröstete er uns. Als er an einem Tag drei Hosen vollgepinkelt hatte, sich aber gleichzeitig schreiend wehrte, überhaupt noch aufs Klo zu gehen, platzte mir der Kragen. Ich schimpfte ihn, er sei schließlich kein Baby mehr und warum er denn nicht mehr aufs Klo ginge?

»Weil ich keine Lust habe!« lautete die lapidare Antwort. Da ging mir ein Licht auf: Das Aufs-Klo-Gehen war einfach nicht mehr so spannend wie am

Anfang. Viel spannender war es jetzt, mit den Nach-barskindern zu toben oder aus Stühlen und Kissen eine Höhle zu bauen. Leo vergaß beim Spielen ein-fach alles um sich herum und überhörte die Signale seines Körpers – bis es zu spät war.

Als sein Freund Ruben begann, das identische Ver-halten an den Tag zu legen, waren wir beruhigt. Of-fenbar kommt es häufiger vor, daß ein vermeintlich »trockenes« Kind rückfällig wird. Da helfen alle Drohungen und Versprechungen nichts. Man kann nur abwarten. Oder die Attraktivität des Pipi-Ma-chens steigern: Leo findet es zum Beispiel bedeu-tend interessanter, im Stehen zu pieseln (»wie der Papa!«) als im Sitzen. Am meisten liebt er es aber, an einen Baum oder in die Wiese zu pinkeln. Zum Glück leben wir auf dem Land, Großstadtkinder haben es da schon schwerer: Jakob (4) aus Berlin hat eine derartige Leidenschaft fürs »Pinkeln im Grünen« entwickelt, daß keine Topfpflanze mehr vor ihm sicher ist!

Schmerz und Pein

Ich war in Tränen aufgelöst. Leo, gerade sieben Tage alt, hatte die ganze Nacht nicht getrunken, war apathisch und wimmerte vor sich hin. Peter wollte mich trösten, aber ich war nicht zu beruhigen. Wenige Tage nach der Geburt randnah am Wasser gebaut schluchzte ich: »So kurz ist er erst auf der Welt und muß schon sterben!« Ich dachte wirklich, Leos letztes Stündchen habe geschlagen.

Die Kinderärztin konnte mich beruhigen. Leo hatte aus der Entbindungsklinik Rotaviren mitgebracht – eine lästige, aber keine lebensgefährliche Sache. Er bekam Medikamente, und sehr bald ging es ihm besser. Ich aber hatte eine Ahnung davon bekommen, welche Ängste man mit einem kranken Kind aussteht.

Kaum eine Woche vergeht, ohne daß Leo (2 1/2)

Durchfall, einen wunden Po oder Schnupfen hat. Darüber rege ich mich längst nicht mehr auf. Auch nächtliche Kotzerei nach Kindergeburtstagen, Platzwunden und tennisballgroße Beulen bringen mich nicht mehr aus der Fassung. Das ist Kinderalltag, soviel habe ich inzwischen begriffen. Aber immer wieder gibt es Momente, in denen man sieht: Dem Kind geht's wirklich schlecht. Und da leide ich jedesmal mit.

Anfangs war ich bei jeder Kleinigkeit komplett aus dem Häuschen. Hustete das Kind, diagnostizierte ich galoppierende Schwindsucht. Hatte es Fieber, konnte es nur eine Hirnhautentzündung sein, und wenn es sich übergab, war ich sicher, daß eine lebensbedrohliche Stoffwechselstörung vorlag. Bei jedem Sturz vermutete ich einen Schädelbruch, und wenn noch Blut ins Spiel kam, war ich selbst dem Kollaps nahe. Ich machte Peter fix und fertig mit meiner Hysterie – und mich selbst auch. Ich verschwendete so viel Energie damit, mir die schlimmsten Sachen auszumalen, daß ich nicht mehr in der Lage war, im Bedarfsfall einen nassen Lappen auf eine Beule zu drücken. Peter versuchte immer, mich zu überzeugen, daß alles gar nicht so schlimm wäre. Ich warf ihm sträflichen Leichtsinn und typisch männliche Sorglosigkeit vor. Inzwischen sind wir beide etwas geübtere Eltern und in Krisenfällen gelassener.

Krankheiten bei Kindern verlaufen nach eigenen,

geheimnisvollen Gesetzmäßigkeiten. Anders als bei Erwachsenen sind die Krankheitsbilder oft nicht klar umrissen. Wenn ein Erwachsener krank ist, besteht meist kein Zweifel: Er hat Grippe. Oder: Er hat einen verdorbenen Magen. Oder: Er hat einen Hexenschuß. Die Symptome sind eindeutig, das Leiden hat einen Namen. Bei Kindern hingegen treffen oft Symptome zusammen, die kein klares Bild ergeben. So hat Leo zum Beispiel Fieber und Schnupfen – das könnte eine Grippe sein. Aber warum klagt er noch über Bauchweh und über Schmerzen im Popo? Oder: Er hat sich erbrochen. Das weist auf eine Magenverstimmung hin. Warum sind aber gleichzeitig seine Lymphdrüsen geschwollen? Diese unspezifischen Krankheitsbilder können einen ganz schön irritieren. Wenn man zum Kinderarzt geht, wird man zusätzlich verunsichert: Der Arzt ist selbst oft nicht in der Lage, eine Krankheit zu diagnostizieren. So bleibt es dann dabei: Mein Kind hat eben Fieber und Schnupfen und Bauchweh und Popoweh. Oder: Eine Magenverstimmung und geschwollene Drüsen.

Es sind eher Befindlichkeitsstörungen als wirkliche Krankheiten, unter denen Kinder häufig leiden. Und obwohl man froh ist, daß es nichts Schlimmes ist, wäre man doch beruhigt, wenn der Arzt auf die verschiedenen Symptome ein Etikett

mit der Aufschrift »Sowieso-Krankheit« kleben würde. Mit dieser »Namenlosigkeit« muß man sich aber ebenso abfinden wie damit, daß Dauer und Schwere einer Erkrankung schlecht vorauszuberechnen sind. So manchen Morgen dachte ich: Das bleibt uns für die nächsten zwei Wochen! Aber bereits am Nachmittag war das Fieber weg und das Kind putzmunter. Aus einem harmlosen Durchfall wurde hingegen eine wochenlange Tortur mit mehreren Stuhluntersuchungen, strenger Diät und fünf verschiedenen Medikamenten, die alle nichts halfen.

Neu für junge Eltern ist auch, wie Kinder selbst mit ihren Krankheiten umgehen. Anfangs trieb es uns fast zum Wahnsinn, daß Leo bei jeder Erkrankung in den Hungerstreik trat. Bis zu einer Woche lebte er ausschließlich von Tee und Saft. Natürlich dachten wir, das arme Kind würde zusätzlich geschwächt, wenn es nichts zu sich nimmt. Also bemühten wir uns, Leo mit tausend Tricks zum Es-

2 1/2 Jahre
Leo: »Mama, wo wohnt der Osterhase?«
Ich: »Im Osterhasenland.«
Leo: »Da will ich mal hin!«
Ich: »Da können Menschen nicht hin. Außerdem kommt
der Osterhase ja zu dir.«
Leo: »Ich will den aber abholen!«

sen zu bringen. Irgendwann gaben wir es auf und
siehe da: Er überstand diese Fastenphasen völlig
problemlos. Nach überwundener Krankheit entwickelte er immer einen enormen Appetit und holte
alles auf.

Die größte Schwierigkeit bei einem Baby oder
sehr kleinen Kind ist, daß es noch nicht sagen
kann, was ihm wehtut. Ich erinnere mich noch an
mein Gefühl totaler Hilflosigkeit, als der gerade drei
Monate alte Leo eines Nachmittags anfing zu brüllen und vier Stunden nicht mehr aufhörte. Ich trug
ihn durch die Gegend – das Kind brüllte weiter. Ich
versuchte, ihn zu stillen – Leo brüllte. Nichts half,
und bald weinte ich auch, aus Mitleid und weil ich
mir keinen Rat wußte. Schließlich hatte meine
Freundin eine Eingebung: »Schau doch mal in seinen Mund!« schlug sie vor. Verständnislos befolgte
ich den Rat und tatsächlich: Da bohrten sich die ersten Zähnchen durch! Mit drei Monaten, darauf
muß man erst mal kommen! Für lange Zeit wußte
ich dann, was der Grund für Fieberschübe, Durch-
fälle und Schmerzgebrüll war.
Mit Grausen denke ich auch an den letzten Winter
zurück. Leo war anderthalb und ständig krank.
Eines Nachts kriegte er wieder Fieber, 38, 39, 40
Grad. Er weinte vor Schmerzen, wir waren ratlos.
Hatte er Bauchweh, schmerzte sein Kopf, war es

eine Grippe oder ein Backenzahn? Nach einer Horrornacht, in der wir mehrmals kurz davor waren, den Notarzt zu alarmieren, kam am Morgen die Auflösung. »Aua, Ohr«, jammert Leo, und uns ging endlich ein Licht auf. Beim Hals-Nasen-Ohren-Arzt fiel die Diagnose aus wie erwartet: Mittelohrentzündung.

Daß Körper und Seele zusammengehören, ist heute allgemein akzeptiert. Kaum eine Mutter wundert sich deshalb über das unerklärliche Bauchweh, das ihre Kinder befällt, wenn unangenehme Ereignisse stattgefunden haben oder bevorstehen. Das kann die Schularbeit sein, ein Krach mit der besten Freundin oder die Aussicht, daß die Eltern zwei Tage verreisen. Auch kleinere Kinder reagieren auf Spannungen schon mal mit körperlichen Symptomen. Als aufmerksame Mutter lernt man schnell den Unterschied zwischen »Seelenschmerz« und »Bauchschmerz«, auch wenn der eine gerne in Gestalt des anderen auftritt. Es ist wichtig, auch den seelisch begründeten Schmerz ernstzunehmen. Aber ihm ist eben nicht mit Diät oder Medikamenten beizukommen, sondern nur mit sensibler Zuwendung zum Kind. Gefährlich finde ich allerdings den esoterischen Irrglauben, alle Krankheitssymptome seien irgendwie »psychisch bedingt«, wenn nicht gar »schicksalhaft«. Mit dieser Einstellung haben mir bekannte Eltern das Leben ihres Kindes riskiert, weil sie eine schwere Ernährungsstörung nicht behandeln ließen. Das Kind geriet in akute Lebensgefahr und konnte nur durch Infusionen der verpönten »Schulmedizin« gerettet werden.

Seit ich manchmal den kranken Leo pflege, denke ich öfter daran, wie ich als Kind krank war. Ich erinnere mich kaum an Schmerzen oder Unwohlsein. Dafür um so mehr an die liebevolle Pflege meiner Mutter. Krank zu sein bedeutete, im Mittelpunkt zu stehen und viel Aufmerksamkeit und Zuwendung zu bekommen. Kranksein ist auch ein erholsamer Rückzug aus der Welt, die für ein Kind oft anstrengend ist. Schule, Kindergarten, Hausaufgaben, Musikstunde, Sozialstreß mit Freunden und Geschwistern – manchmal ist alles zuviel. Da findet man es als Kind auch mal klasse, im Bett zu liegen und verwöhnt zu werden.

Für Mutter und Kind kann eine gemeinsam durchlittene Krankheit große Nähe bedeuten. Als es Leo so schlecht ging, lag er stundenlang matt und fieberglühend auf mir. Seine Bäckchen waren heiß und rot, seine Augen glänzten. Er schmiegte sich an mich und wimmerte »Mama, Mama«, als wäre das die Zauberformel, die ihn heilen würde. Nie habe ich innigere Gefühle gehabt als damals.

83

Nächtelang wachte ich an seinem Bett, kochte Tee, machte Wadenwickel und streichelte ihn.

Ich spürte, wie unendlich ich dieses Kind liebe und daß ich alles tun würde, damit es ihm gut geht. Und Leo hat gemerkt, daß ich bedingungslos für ihn da bin, wenn er mich braucht. Ich habe das Gefühl, daß er nach jeder überstandenen Krankheit einen Entwicklungsschub macht. Plötzlich geht er selbständig aufs Klo. Oder er macht einen erstaunlichen Sprung in seiner Sprachentwicklung. Sogar körperlich erscheint er mir größer, wenn er nach tagelangem Liegen wieder aufrecht umherläuft, und insgesamt wirkt er »gereift«. Deshalb empfinde ich Krankheit inzwischen nicht mehr als so bedrohlich, sondern als notwendigen Bestandteil von Leos Entwicklung.

Es ist wohl kein Zufall, daß Leo leidenschaftlich gerne »Kranksein« spielt. Hingebungsvoll läßt er sich mit den Instrumenten aus seinem Doktorkoffer untersuchen und mimt den Leidenden. Offenbar hat auch er Krankheit als etwas erlebt, das nicht nur Schmerzen und Unwohlsein bedeutet. Sondern auch die Erfahrung, geliebt und beschützt zu sein.

2 1/2 Jahre
Ich komme morgens in Leos Zimmer. Er begrüßt mich mit den
Worten: »Du darfst mich in den Popo beißen!«

84

Ring frei!

Meine lieben Freundinnen Lena, Fränze und Manuela!

Gemischte Gefühle« heißt die Geschichte, in der ich über eure zweite Schwangerschaft schrieb und über meine Entscheidung, mit dem nächsten Kind zu warten. Wißt Ihr noch, was ich euch am Schluß ankündigte? »In der nächsten Runde bin ich wieder mit dabei.« Mädels, die Runde ist eingeläutet!

Als wir erfuhren, daß der zweite StörenFried unterwegs war, wollten Peter und ich wissen, was Leo davon hielt. Wir versuchten es mit der Frage: »Willst du ein Brüderchen oder ein Schwesterchen?« Leo dachte angestrengt nach, wiegte den Kopf und

entschied dann strahlend: »Ein Gummibärchen!«
Ob er sehr enttäuscht sein wird? »Er wird vor allem
eifersüchtig sein!« warnen uns die Freunde, die ihr
zweites Kind schon haben. »Keine Sekunde dürft ihr
die beiden aus den Augen lassen. Man glaubt nicht,
wozu ein eifersüchtiges Erstgeborenes fähig ist!«
Peter und ich (beide Älteste von drei Kindern) versuchten, uns zu erinnern. Wie empfanden wir es, als
damals Konkurrenz ins Haus kam? Ich war schon
fünf und kann mich nur an ausgesprochen positive
Empfindungen meinem ersten Bruder gegenüber
erinnern. Einmal steckte ich dem wenige Wochen
alten Baby eine Weinbeere in den Mund, an der es
fast erstickte. Das könnte man sicher so deuten, daß
ich mich des Eindringlings entledigen wollte. Ich
bin aber noch heute überzeugt, ich wollte dem kleinen Kerl nur was Gutes tun!

Peter hingegen bestreitet seine damaligen Haßge-
fühle dem zwei Jahre jüngeren Bruder gegenüber
nicht. »Ich fand es unglaublich, daß alle so ein Aufhe-
bens um dieses blöde Baby machten, wo ich doch
schon viel mehr konnte und viel toller war!« Bei Gelegenheit näherte sich der vergrätzte Knabe seinem Rivalen und biß ihn so in die Zehen, daß es blutete. Angesichts dieser eigenen Schandtaten sind wir also auf alles
gefaßt, was unser geliebter Sohn demnächst seinem
Geschwisterchen gegenüber im Schilde führen wird.

Leo hegt ein offensichtliches Interesse für Babys, sein Verhalten ist aber widersprüchlich. Kürzlich wollte er an mir hochklettern. Als ich warnte: »Vorsicht, nicht auf meinen Bauch treten, da sitzt das Baby drin!«, sagte er: »Das will ich quälen, das mach' ich tot!« Wenig später betrachtete er dagegen mit freundlichem Interesse ein Neugeborenes und kommentierte überrascht: »Das hat ja Ohren!«

Nach diesem Besuch, bei dem er gesehen hatte, wie das Kind gestillt wurde, ging er mir mit der Ankündigung an die Wäsche: »Ich bin ein Baby und will an deinem Busen trinken!« Das vollzog er dann auch pantomimisch ein paarmal, bis er fand, daß Baby-Sein so spannend auch wieder nicht ist. Stattdessen muß ich jetzt immer das Baby spielen und herzerweichend »Wäääh, wäääääh!« schreien, worauf er mich liebevoll tröstet: »Du kleines Wutzel, ich beschutz' dich!« Kürzlich erklärte er mir: »Ich hab' auch ein Baby im Bauch!« Ich fragte interessiert nach, was es denn sei. »Es ist ein Bub, und er heißt Rudi«, wurde ich aufgeklärt. »Und er kommt im Juli«, ergänzte Leo.

Diesmal finde ich es richtig toll, schwanger zu sein.

Ich mache mir viel weniger Sorgen als beim ersten Mal, bin unbeschwerter und gelassener. Außerdem hält mich Leo auf Trab. So kann ich mich weder faul auf dem Sofa räkeln und fett werden, noch habe ich Zeit für Ängste und Sorgen. Ich horche nicht ständig in mich hinein, ob es mir gut geht, ob das Kind sich bewegt, ob mir nicht doch was wehtut, ob ich jetzt Lust auf Mohrenköpfe oder auf ein Heringsbrötchen habe. Mit dem Gefühl »das habe ich doch alles schon mal hingekriegt« gehe ich entspannt an die Sache ran.

Beim Gedanken an die Geburt wird mir allerdings ein bißchen schwummrig. Ich habe das Thema lange Zeit verdrängt, aber je näher der Termin

3 Jahre

Leo will wissen, warum sein Onkel Nico (genannt »Dutzi«) keine Kinder hat. Ich erkläre ihm, daß der Dutzi noch jung ist, erst sein Studium beenden und später Kinder haben will. Das Thema beschäftigt Leo offensichtlich weiter, denn am Abend entspannt sich folgender Dialog:

Leo: »Hat die Iris schon ein Baby?«
Ich: »Nein, noch nicht.«
Leo: »Warum nicht?«
Ich: »Weil sie noch nicht den richtigen Mann gefunden hat, der ein Papa für ihr Baby sein könnte.«
In Leos Kopf arbeitet es, und er folgert messerscharf: »Dann hat der Dutzi auch noch nicht den richtigen Mann gefunden!«

rückt, desto stärker beschäftigt es mich. Einerseits bin ich froh, daß ich weiß, was auf mich zukommt. Andererseits fehlt mir die naive Unbekümmertheit des ersten Males. Aber auf eine komische Art ist meine Angst abstrakt. Es ist, als würde sich nur mein Kopf erinnern und mein Körper hätte es vergessen. Ich weiß zwar noch, daß es irrsinnig wehgetan hat, aber ich erinnere mich nicht mehr an das Gefühl. Das ist ja vermutlich die Rettung des Menschengeschlechts, denn welche Frau würde sich eine zweite Geburt zumuten, wenn sie die erste nicht irgendwie »vergessen« würde?

Immer wieder schweifen meine Gedanken in die Zukunft. Wie wird es sein mit zwei Kindern? Eigentlich stelle ich mir vieles einfacher vor. Das Anstrengende bei Leo war, daß alles neu war. Mit der Erfahrung, die ich inzwischen habe, müßte ich es doch jetzt locker hinkriegen!

Vieles, was mich beim ersten Mal in Angst und Schrecken versetzt hat, wird mich diesmal nicht erschüttern. Was habe ich gelitten, als der kleine Kerl Blähungen hatte und stundenlang weinte! Wie erschrocken war ich, als er das erste Mal durchgeschlafen hatte und ich morgens an sein Bettchen raste, um zu hören, ob er noch atmet! Ganz zu schweigen von der ersten Impfung, wo mich die Vorstellung der spitzen Spritze schon Tage vorher fertig machte!

All das werde ich diesmal souverän bewältigen. Und hört man nicht immer wieder, daß zweite Kinder unkomplizierter sind, weil sich die Gelassenheit ihrer Mütter auf sie überträgt?

Zwischen Hoffen und Bangen bewegen sich auch meine Gedanken zum Thema »Familie und Beruf«. Daß eine Frau mit *einem* Kind arbeitet, wird gerade noch akzeptiert. Jetzt wurde ich schon mal gefragt, wie ich mir das mit der Arbeit weiter vorstelle und was mir eigentlich wichtiger sei, Familie oder Beruf? Ich habe bisher beides geschafft. Warum soll mit zwei Kindern nicht klappen, was mit einem ging? Oder mache ich mir da was vor? »Am Busen den schreienden Säugling, am Boden ein sich wälzender Dreijähriger in der Trotzphase, am Telefon dein Agent mit einem einmaligen Angebot, deine Kinderfrau krank und dein Mann auf Geschäftsreise – so solltest du dir deinen Alltag mit zwei Kindern vorstellen!« empfahl mir Dorothee. Aber das glaube ich ihr einfach nicht. Auch wenn sie sonst oft recht hat...

Liebe Freundinnen, jetzt seid ihr wieder dran. Wer von euch überrascht mich als erste mit der Nachricht vom Dritten? Ich bin gespannt!

Auf bald,
Eure Amelie

Mutprobe

Auf dem Spielplatz. Ich sitze mit meinem Siebenmonatsbauch auf einer Bank. Mein Sohn hat sich offenbar vorgenommen, die Sandkiste leerzuschippen. Ein Achtmonatsbauch setzt sich neben mich und ruft: »Nein, Jessica, nicht!« Jessica, ein blondgelockter kleiner Teufel, läßt sich nicht stören. Ausgiebig zerrt sie am Haupthaar eines Vierjährigen, was dieser sich erstaunlicherweise ohne Gegenwehr gefallen läßt. Irgendwann fängt er an zu heulen und läuft zu seiner Mutter. Der Achtmonatsbauch seufzt und schaut auf meinen Siebenmonatsbauch. »Wann ist es denn bei Ihnen soweit?« »Im Juli«, antworte ich. »Und bei Ihnen?« »Im Juni.« »Da ist mein Sohn geboren«, erzähle ich, »schöne Zeit. Noch nicht so heiß.« »Wie war die Geburt?«

Ich schaue die Frau überrascht an. Ich habe sie in meinem Leben noch nicht gesehen. »Naja, ziemlich lange. Und schmerzhaft.« »Bei mir hat's 20 Stunden gedauert, nur Wehen, Wehen, Wehen. Der Mutter-

3 Jahre

Die Oma ist zu Besuch. Beim Frühstück fragt Leo sie:
»Hat das Nilpferd einen Zipfel?« Oma denkt nach. »Wenn das
Nilpferd ein Bub ist, schon. Wenn's ein Mädchen ist, dann
nicht.« Leo weiter: »Hast du keinen Zipfel?« Die Oma
verneint. Leo darauf mitleidig: »Gell, du bist ein armes Weib!«

mund ging nicht auf. Dann haben sie mich an den Tropf gehängt, da hab' ich mir die Seele aus dem Leib gekotzt. Als es soweit war, ging's so schnell, daß ich kaum zum Luftholen kam. Für einen ordentlichen Schnitt war natürlich keine Zeit mehr. Ich sage Ihnen, diese Ärzte sind gnadenlos. Die lassen Sie glatt draufgehen! Wo wollen Sie entbinden?«

Ich stehe auf. »Ich muß jetzt gehen«, murmele ich. Ich entwinde Leo die Schaufel, mit der er gerade Jessica eins überbraten will. »Alles Gute!« ruft der Achtmonatsbauch mir nach. »Beim zweiten Mal soll's übrigens viel leichter sein!«

Wiener
mit Schokosoße

Der typische morgendliche Dialog zwischen Leo (3) und mir verläuft folgendermaßen:
Ich: »Was möchtest du zum Frühstück?«
Leo: »Schokoladen-Ostereier.«
Ich: »Ostern ist seit fünf Monaten vorbei. Wie wär's mit einem Müsli?«
Leo: »Dann Schokoladenkekse.«
Ich: »Es gibt keine Süßigkeiten zum Frühstück! Du kannst ein Brot haben.«
Leo: »Neiiin! Dann will ich gar nichts!!!«

Vielleicht war es ein Fehler, ihn überhaupt zu fragen. Aber es bringt erfahrungsgemäß auch nichts, ihm einfach was hinzustellen. Mach' ich ihm ein

Müsli, verlangt er ein Brot. Geb' ich ihm ein Brot, schreit er nach Joghurt. Biete ich ihm gar nichts an, ist er nach einer Stunde übellaunig vor Hunger.

Beim Mittagessen setzt sich der Kampf fort. Wehe, ich wage es, Gemüse auf den Tisch zu bringen. Wenn er es überhaupt versucht, spuckt er es meist mit angewiderter Miene wieder aus. Höchstens Broccoli oder Spinat (püriert mit viel Sahne) akzep-

3 Jahre
Wir fragen Leo, wo er war, bevor er zu Mama und Papa gekommen ist. Ohne zu zögern antwortet er: »Im Freiland.« Als wir wissen wollen, wie er zu uns gekommen ist, sagt er: »Mit dem Flugzeug.«

tiert er. Noch weniger Glück habe ich mit Salat. Manchmal polkt er ein Scheibchen Gurke heraus, aber der Rest? Nein danke, da müßte man ja kauen. Getreide-Nockerl, Tofusoße, Vollkorn-Lasagne? Nichts zu machen. Nur Nudeln mit Tomatensoße, Fischstäbchen und Kartoffeln finden Gnade vor den Geschmacksnerven des kleinen Gourmets.

An manchen Tagen ißt er einfach nichts – auch wenn es etwas gibt, was er eigentlich mag. Oder er hat, oh Wunder, etwas Neues probiert, und es hat ihm geschmeckt. Beglückt über die Erweiterung des Speiseplans bringe ich das Gericht ein paar Tage später wieder auf den Tisch. Reaktion: »Bäh, das mag ich nicht!« »Aber vorgestern mochtest du es!« »Mag's trotzdem nicht!«

Wie soll man es nur schaffen, ein Kind halbwegs gesund zu ernähren, ohne ihm den Spaß am Essen restlos zu verderben? »Mit Phantasie«, sagt die Ernährungsexpertin Wiebke Franz aus Gießen. »Kinder interessiert es überhaupt nicht, ob etwas ›gesund‹ ist. Hauptsache, es schmeckt lecker.«

Um Leo bestimmte Nahrungsmittel schmackhaft zu machen, helfen kleine Tricks. Manche Gemüsesorten püriere ich und mache eine Suppe oder eine Nudelsoße draus. Am besten funktioniert der »Burger«-Trick. Alles, was Leo nicht mag, wird kleingerieben und mit einem Ei, etwas Quark und ein paar Haferflocken zu einem Klops verarbeitet. Diesen Bratling verkaufe ich ihm als »Fleischpflanzl« (wir leben in Bayern) oder – seit seinem ersten MacDonald-Besuch – als »Burger«. Findet er großartig, vor allem, wenn auch noch »Kätschum« drauf ist. Für Ketchup hält er alles, was rot ist und nach Tomate schmeckt; das weitgehend zuckerfreie Bio-Tomaten-Mark tut's also auch.

Leos Lust auf Süßes konnte ich lange Zeit mit »gesunden« Rosinen stillen. Seit er allerdings das erste Mal Gummibärchen gegessen hat, ist es damit vorbei. Nun gibt's halt Bärchen, die mit Fruchtzucker gesüßt sind. Immerhin habe ich es geschafft, daß er – wenn schon Kekse – dann Vollkornkekse ißt. Die schmecken ihm tatsächlich besser als die anderen. Ausnahme: Schokoladenkekse. Aber sogar die gibt es in einer Öko-Version mit weniger Zucker.

»Natürlich könnte man sich's einfach machen und dem Kind nur vorsetzen, was es sicher ißt. Aber Wienerle, Pommes und Süßigkeiten sind keine ausgewogene Ernährung. Wenn man seinem Kind nicht schaden will, muß man sich eben Mühe geben«, meint Wiebke Franz. Das soll aber ihrer Meinung nach nicht ausarten in einen täglichen Staatsakt, bei dem Vater und Mutter um den Tisch herumtanzen, um das Kind zum Essen zu bewegen. Auch Drohungen und Versprechungen sind nicht das geeignete Mittel, da geht – wie so oft – der Schuß nach hinten los: Auf meine Warnung »Wenn du nicht ißt, dann ißt alles der Papa!« meinte Leo begeistert: »Papa ißt auf, und ich krieg' ein Kaugummi!«

Eines steht fest: Je mehr Wert ich darauf lege, daß Leo etwas Bestimmtes ißt, desto sicherer weigert er sich. Auf ein honigsüß geflötetes: »Schau mal, was ich Tolles für dich gekocht habe!« folgt unweigerlich ein ernüchterndes »Ich hab' heut keinen Hunger!« Wenn ich insistiere, wittert er natürlich seine Chance. Also versuchen wir gar nicht, ihn zu überreden. Wir fangen einfach an zu essen. Und siehe da: Nach spätestens dreißig Sekunden heißt es: »Das will ich auch!«

Natürlich ärgert es mich, wenn ich eine Stunde in der Küche geschuftet habe und er nach drei Gabeln den Teller zurückschiebt. Soviel Mühe und alles umsonst! Aber ich versuche ruhig zu bleiben. Sobald ich Druck ausübe, rührt er keinen Bissen mehr an. Die Expertin meint: »Man soll Kinder nicht zum Essen zwingen oder überreden. Und man sollte sie auch nicht überschwenglich loben, wenn sie aufgegessen haben. Essen ist keine Leistung, sondern sollte eine Selbstverständlichkeit und ein Vergnügen sein. Gesunde Kinder haben ein feines Gespür für Hunger und Sättigung. Durch ständiges Überreden zum Mehressen wird das zerstört.«

Die sogenannten »schlechten Esser«, die bei den Mahlzeiten nur lustlos im Teller rumstochern, können einen natürlich schon zur Verzweiflung bringen. Tatsächlich neigen Eltern aber dazu, den Nahrungsbedarf ihrer Sprößlinge zu überschätzen. Manche Kinder brauchen einfach nicht so viel, um

3 1/2 Jahre
Beim abendlichen Waschen. Ich frage: »Mensch, Leo, wieso ist dein Popo denn schon wieder so wund?« Leo im normalsten Tonfall der Welt: »Da ist ein Pferd draufgesprungen!«

satt zu werden. In vielen Fällen versuchen Mütter, den vermeintlich nicht gedeckten Kalorienbedarf ihrer Kinder durch Zwischenmahlzeiten zu decken. Resultat: Die Kinder essen dann zwar zwischendurch, aber eben nicht mehr bei den Mahlzeiten.

Viele Kinder finden Essen einfach langweilig. Es unterbricht ihr spannendes Spiel, es zwingt sie zum Stillsitzen – was soll daran toll sein? »Kindern Spaß am Essen zu vermitteln, ist auf vielerlei Weisen möglich«, sagt Wiebke Franz. »Man kann sie schon bei der Zubereitung miteinbeziehen, sie mal einen Teig kneten oder eine Soße rühren lassen. Beim Essen selbst sind Erlebnisse wichtig. Es macht mehr Spaß, Gemüsestücke in einen Dip zu tunken, als einen fertig angemachten Salat zu essen. Und wenn Kinder bei der Gestaltung des Speiseplans mitreden dürfen, essen sie auch mit mehr Vergnügen.«

Von sich selbst weiß man, daß der Geschmack sich verändert. Was habe ich früher Lauch und Rosenkohl gehaßt! Beides esse ich inzwischen ganz gerne. Auch bei einem kleinen Kind ändern sich die Vorlieben ständig. Monatelang hat Leo zum Beispiel Karotten aus allen Gerichten aussortiert. Kürzlich aß er sie plötzlich mit Begeisterung. Regeln wie »Mein Kind ißt kein Gemüse« gelten immer nur für einen bestimmten Zeitraum. Alles ändert sich ständig – man darf nur nicht vorzeitig kapitulieren.

Leider stoßen die Bemühungen ernährungsbewußter Mütter nicht immer auf ungeteilten Beifall. »Manchmal habe ich es so satt, den Spielverderber zu machen und mich von meinen Bekannten als sauertöpfische Öko-Mutter belächeln zu lassen«, stöhnt Sabine. Wie ich sie verstehe! Gelegentlich denke ich auch: Soll Leo sich doch in Pudding wälzen, in Limo baden, mit Pommes um sich werfen und in Kuchen eingraben. Ist doch nicht mein Problem, wenn ihm schlecht wird. Oder? In Wahrheit ist es natürlich mein Problem, wie die letzten Kindergeburtstage gezeigt haben. Wie soll ich aber Leo davon abhalten, bei so einer Gelegenheit Kuchen, Mohrenköpfe und Wiener in sich hineinzustopfen, bis es ihm zu den Ohren rauskommt? Alle anderen tun es schließlich auch! (Wird es anderen Kindern eigentlich nicht schlecht, oder warum bleiben die Mütter so ruhig?) Meinem Sohn jedenfalls wird schlecht.

Man muß auch mal fünfe grade sein lassen«, empfiehlt Frau Franz. »Für den Alltag sind Absprachen nützlich. Also: Süßigkeiten nur nach dem Essen, Limonade und Pommes nur beim Restaurantbesuch. Es geht darum, ein Maß zu finden. Was man völlig verbietet, wird um so interessanter.« Wie wahr, wie wahr! Ich sehe mich noch als Kind in der Nachbarschaft Nutella-Brote erbetteln, weil meine Mutter mich mit Süßem so kurz hielt. Heute lacht sie mich aus, wenn ich ihr Vorträge über die Gefährlichkeit von Zucker halte, und besticht Leo heimlich mit Bonbons. Prinzipien sind eben immer eine Frage der Perspektive! Aber vielleicht haben Omas ja das Privileg, für die bereits erwähnten Ausnahmen zu sorgen...

Ein Junge namens Paulina

Aber das ist ja ein Mädchen!« Staunend schaute ich auf das winzige Menschlein, das ich gerade zur Welt gebracht hatte. Eine Tochter! Ich war total überrascht, denn mein Arzt hatte bei einer Ultraschall-Untersuchung gemeint: »Zu neunzig Prozent kriegt Ihr Leo einen Bruder.« Nicht, daß wir was gegen einen zweiten Buben gehabt hätten. Aber ein Mädchen wäre schon auch schön gewesen...

Bei neunzig Prozent Wahrscheinlichkeit für einen Jungen blieben zehn Prozent für ein Mädchen. »Lassen wir uns überraschen!« sagte ich. Aber richtig dran geglaubt haben Peter und ich nicht. Allen Freunden und Verwandten erzählten wir, daß wir wieder einen Jungen kriegen. Und jetzt hat unsere Tochter jede Menge blauer Strampler! Wie gut, daß wir uns wenigstens kurz vor der Geburt noch auf einen Namen geeinigt hatten! Einen Jungennamen wußten wir längst. »Nur zum Spaß« diskutierten wir auch über den Namen für eine Tochter. Der errechnete Geburtstermin war schon ein paar Tage überschritten, da kam es endlich zum Kompromiß: Würde es doch ein Mädchen werden, dann sollte es Paulina heißen. Das Zweite konnte kommen.

Und wie es kam! Bei Leo hatte ich mich zwei Tage und Nächte herumgeplagt. Nur mit Hilfe einer lokalen Betäubung schaffte ich es, meinen Sohn auf die Welt zu bringen. Danach war ich völlig fertig und hatte das Gefühl, eine totale Versagerin zu sein. Nicht mal gebären konnte ich ohne Hilfe! Diesmal kamen über den Tag verteilt Wehen, die abends stärker wurden. Wir fuhren in die Klinik, und knapp fünf Stunden später hielt ich meine Tochter in den Armen. Ich fühlte mich großartig und hatte Energie zum Bäumeausreißen. Wenn ich die beiden Geburten vergleiche, geht das in einem Satz: Von Leo wurde ich entbunden, Paulina habe ich auf die Welt gebracht!

Was war diesmal anders? Natürlich hat mir geholfen, daß ich wußte, was auf mich zukam. Wobei man doch vergißt, mit welcher Wucht und Heftigkeit einen die Wehen überrollen! Aber ich war davon nicht so überrascht wie beim ersten Mal. Und dann habe ich mich diesmal viel gründlicher vorbereitet. Habe Entspannung geübt und Atemtechnik gelernt, Tag für Tag, wochenlang. Während der Geburt hielt ich mich an meinem Atem fest, wie ein Kletterer an einem Seil. Um mich her versank alles

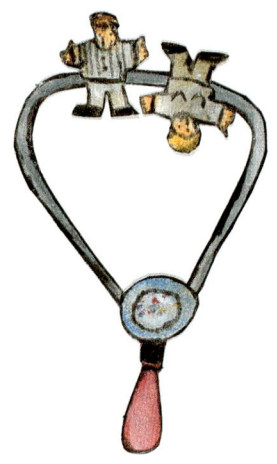

3 1/2 Jahre

Leo soll seine Spielsachen aufräumen. Alle Überredungskünste nützen nichts, er weigert sich. Peter versucht es mit der paradoxen Intervention: »Naja, das kann der Leo eben noch nicht!« Leo darauf genervt: »Ich hab' gesagt: Ich will nicht! Können tu' ich es natürlich!«

im tobenden Wirbel der Schmerzen, ich wußte nicht mehr, wo oben und unten war. Die einzige Orientierung war mein Atem. Also atmete ich. Ein, aus, ein, aus. Durch die Nase, durch den Mund. Wenn ich aus dem Rhythmus kam, half mir die Hebamme mit ruhigen Kommandos. Hatte ich während Leos Geburt schon bei den ersten Wehen die Nerven verloren, so blieb ich diesmal ruhig. Nur in einigen, wenigen Momenten dachte ich: »Jetzt kann ich nicht mehr!« Und nun lag es vor mir, mein zweites Kind. Ich konnte es also doch!

Endlich sollte Leo seine Schwester kennenlernen. Schon vor der Geburt hatte er mehrfach verkündet: »Ich will kein Geschwisterchen!« Und einmal sogar: »Das Baby hau' ich und schmeiß' es ins Gebüsch!« Ich war also gespannt, wie er reagieren würde! Die Tür ging auf, und Leo stapfte an der Hand seines Vaters ins Zimmer. Wie gerührt ich plötzlich war! Bei aller Freude über das Baby, ich hatte schließlich schon ein Kind, das ich über alles liebte! Ein bißchen schüchtern näherte er sich dem Klinikbett und kletterte rauf. Wie groß er mir plötzlich erschien! Und was für ein unglaubliches Gefühl, mit einem Mal Mutter von zwei Kindern zu sein!

Peter fragte in Anspielung auf Leos Äußerung: »Na, Leo, willst du das Baby wirklich hauen?« Leo überlegte kurz. »Nein.« Pause. »Erst wenn wir daheim sind!«

Am ersten Nachmittag zu Hause ließ ich Leo ungefähr eine Minute allein mit Paulina. Von oben rief ich runter: »Leo, was machst du?« Leo antwortete brav. »Ich leg' das grüne Ding auf sie drauf!« Das grüne Ding? Welches grüne Ding? Ich raste die Treppe runter. Er hatte ein riesiges grünes Daunenkissen, das ich beim Stillen benutzte, auf Paulinas Kopf gelegt. Wahrscheinlich nicht in der Absicht, sie zu ersticken. Aber doch getrieben von dem Wunsch, sie verschwinden zu lassen.

Folgerichtig erklärte er mir ein paar Tage später: »Paulina soll wieder weg sein!« Ich fragte: »Wo soll sie denn hin?« Und er antwortete: »Da soll ein Zauberer kommen und sie wegzaubern!«

Armer Leo! Noch heute ist er hin- und hergerissen. Einerseits gefällt ihm Paulina, und oft küßt und streichelt er sie zärtlich. Dann übermannt ihn wieder die Eifersucht, und er knufft sie. Die Ambivalenz seiner Gefühle zeigte sich auch in folgender Äußerung: »Die Paulina ist so ein süßes Baby – die soll nicht wachsen, die soll immer klein bleiben«, sagte er und meinte wohl: »Dann kann sie mir nicht gefährlich werden.«

Bald hatte Leo raus, daß ich während des Stillens ziemlich hilflos bin. Seither stellt er regelmäßig die

Bude auf den Kopf, veranstaltet einen ohrenbetäu-
benden Lärm oder versetzt mir im Vorbeigehen
Schläge und Tritte. Zufällig muß er neuerdings auch
immer ganz dringend aufs Klo, wenn Paulina gerade trinkt.

Glücklicherweise richten sich Leos Aggressionen mehr gegen mich als gegen seine kleine Schwester. Aus dem Kindergarten hat er die ersten Kraftausdrücke mitgebracht, und so brüllt er mich gelegentlich an: »Du blöder Arschkopf!«, was ich geflissentlich ignoriere. Aber an manchen Tagen fällt es mir schon schwer, ruhig zu bleiben. Immer wieder muß ich mir klarmachen, daß Leo nicht »böse« ist, sondern viel eher verzweifelt. Er muß ja das Gefühl haben, nicht mehr so geliebt zu werden wie vorher, wenn seine Mama so viel Zeit für dieses blöde Baby aufwendet. Hoffentlich schaffe ich es, ihm zu zeigen, daß ich ihn natürlich noch genauso liebe – trotz Paulina!

Eine Hoffnung hat sich auf jeden Fall erfüllt: Ich bin viel ruhiger als beim ersten Mal. Ich nehme Paulina überall mit, ohne Angst, sie könnte durch ihr Brüllen jemanden stören. Und siehe da: Sie brüllt nicht. Wenn sie mal schreit, dann lasse ich mich dadurch nicht aus der Fassung bringen und schaffe es meist schnell, sie zu beruhigen. Und noch etwas Wichtiges habe ich gelernt: Es hat keinen Sinn, das Baby in den eigenen Zeitplan pressen zu wollen. Man muß sich nach dem Baby richten. Wenn ich mir zu einem bestimmten Zeitpunkt vornehme, einen wichtigen Anruf zu machen, wird garantiert nichts draus, weil Paulina genau in diesem Moment Hunger oder die Hosen voll hat. Wenn ich aber einfach die Zeit nutze, in der sie schläft, dann klappt es meist, und ich bin viel weniger gestreßt!

L iegt es an Paulina, daß ich entspannter bin, oder ist Paulina entspannt, weil ich es bin? Wenn ich daran denke, wie unendlich schwierig mir jeder kleine Ausflug mit Leo damals erschien! Ich brauchte zwei Stunden, um alles einzupacken, kurz vor dem Aufbrechen brüllte er vor Hunger, spuckte sich voll oder ließ eine Ladung »Flitzekacke« los, die dazu führte, daß ich ihn komplett neu anziehen

3 1/2 Jahre
Ich frage empört: » Was stinkt denn hier so?
Hast du schon wieder gepupst?« Leo schnuppert kurz,
sagt dann: »Das war ich nicht.
Das war die Paulina. Meine Pupse riechen anders!«

111

mußte. Schweißgebadet verließen wir irgendwann das Haus, kamen überall viel zu spät an, und ich hatte meistens wenig von unseren Unternehmungen, weil ich nervös auf die nächste Babykatastrophe lauerte.

Heute schnappe ich mir die Wickeltasche und sause mit Paulina los, ohne mir groß Gedanken zu machen, wann wieder Stillen oder Wickeln angesagt sind. Beides kann man im Prinzip überall machen, sogar im Flugzeug, wie ich mittlerweile aus Erfahrung weiß. Hauptsache, man bleibt cool.

Jetzt sind wir nicht mehr ein Paar mit Kind, sondern eine Familie«, stellte Peter neulich fest. Das ist tatsächlich ein Unterschied. Durch ein zweites Kind verschieben sich die Gewichte. Es stellt die Balance wieder her. Vorher konzentrierten sich zwei Erwachsene auf ein Kind, jetzt stehen sich zwei große und zwei kleine Menschen gegenüber. Schon jetzt merke ich, daß es eine Entlastung für Leo ist, wenn die Aufmerksamkeit von Mama und Papa nicht mehr pausenlos auf ihn gerichtet ist. Ich messe nicht mehr jeder Kleinigkeit so große Bedeutung bei, weil ich einfach die Zeit nicht mehr habe. Dann ist Leo halt mal völlig verdreckt, wenn die Schwiegereltern zu Besuch kommen – was soll's. Oder er kriegt einen Schnupfen, weil er stundenlang in einer Pfütze gespielt hat – sei's drum. Das alles schadet ihm vermutlich auf Dauer weniger als eine Mutter, die ihn ständig sauber anzieht und ihm das Spielen in Pfützen verbietet.

Auch wenn Leo heute noch eifersüchtig auf seine Schwester ist und die kleine Rivalin zum Teufel wünscht – ich bin ganz sicher: Irgendwann wird er froh sein, sie zu haben! Wie erklärte er mir vor ein paar Tagen: »Als ich das damals gesagt habe, daß die Paulina weg sein soll – da hab' ich nur einen Spaß gemacht!«

Waschzwang

Die erste Nacht mit Paulina. Ich wollte sie bei mir behalten. Die Säuglingsschwester hatte dafür kein Verständnis. »Bringen Sie das Baby doch ins Kinderzimmer. Dann schlafen Sie viel besser!« Schlafen? Wohl wissend, daß mein Kind die Nacht weinend unter anderen weinenden Säuglingen zubringen würde, alleine in seinem Bett und weit weg von mir? Niemals! (Ich habe heute noch Schuldgefühle, daß ich Leo in der ersten Nacht weggegeben habe!) »Aber dem Kind fehlt doch nichts«, hielt sie mir entgegen. »Wenn es keinen Hunger hat und keine volle Windel, dann ist doch alles in Ordnung!« Daß ein Neugeborenes die Nähe seiner Mutter braucht, das Gefühl, geborgen zu sein und nicht allein in einem Plexiglasbett zu liegen – auf ei-

nen solchen Gedanken kam diese Schwester nicht.
Ich jedenfalls behielt Paulina bei mir, und sie schlief
mit mir im Bett. Wenn sie schlief. Das war in der ersten Nacht nicht allzu häufig der Fall. Um so erfreuter war ich, als am Morgen um sieben mein Telefon
klingelte und mir eine energische Stimme mitteilte,
ich müsse nun mein Kind zum Waschen bringen.
»Waschen?« murmelte ich schlaftrunken. »Wo hat
die Kleine sich denn schmutzig gemacht?« Ich erklärte, daß Paulina bis fünf wach gewesen sei und
ich sehr dankbar wäre, wenn man
mich jetzt schlafen ließe. Daraufhin
vernahm ich staunend das Angebot,
ich könnte Paulina auch gerne schon
morgens um fünf zum Waschen bringen, aber waschen müsse sein!
Schon klar, wo kämen wir schließlich hin, wenn schon Neugeborene sich dem deutschen
Reinheitsgebot entzögen!

115

Reine Nervensache

Es ist normal, wenn du gelegentlich Lust hast, deine Kinder aus dem Fenster zu werfen. Es ist *nicht* normal, wenn du es tust!« Mit diesem Ausspruch einer Freundin tröste ich mich immer, wenn mich Leo mal wieder an die Grenzen meiner Nervenkraft bringt. Wenn man sich einmal entschlossen hat, seine Kinder nicht zu prügeln, wird Erziehung ganz schön schwierig. Kinder verfügen über die Macht der Machtlosen: Es reicht, daß sie sich weigern, und schon stehen wir Erwachsenen blöd da.

Zum Beispiel morgens. Wir sind spät dran, der Kindergarten fängt gleich an, ich habe einen dringenden Termin. Leo läßt sich nicht anziehen. Er wirft sich auf dem Boden rum, strampelt, macht seinen

Körper steif wie ein Brett. Ich versuche es ruhig: »Schätzchen, laß dich bitte anziehen, es ist spät.« Leo lacht sein provozierendes Meckerziegen-Lachen und strampelt noch mehr.

Mein Tonfall wird strenger: »Leo, hör jetzt bitte auf, du kommst zu spät in den Kindergarten.« Leo: »Mir egal.«

Ich versuche es mit der »Wenn-Dann-Variante 1« (Versprechungen): »Wenn du dich jetzt anziehen läßt, dann gehen wir heute nachmittag zum Schlittenfahren!« »Ich will aber gar nicht zum Schlittenfahren!« läßt Leo mich auflaufen.

Es folgt die »Wenn-Dann-Variante 2« (Drohungen): »Wenn du dich jetzt nicht anziehen läßt, dann... dann ...« Ja, was dann?

Womit soll ich dem Kind drohen? Daß ich es seinem Papa sage? Leo hat (glücklicherweise) nicht die geringste Angst vor seinem Vater. Daß das Fernsehprogramm gestrichen wird? Bei uns wird sowieso nicht ferngesehen. Daß er keinen Nachtisch kriegt? Was hat der Nachtisch mit dem Anziehen zu tun? Natürlich könnte ich ihm Prügel, Hausarrest oder sonstige Gewalttätigkeiten androhen. Nur hätte auch das keinen Sinn, da Leo solche Erziehungsmaßnahmen nie erlebt hat und sie deshalb auch nicht fürchtet.

Schimpfen und Drohen haben in der Regel also

keine Wirkung. Im Gegenteil. Sobald ich die Nerven verliere und Leo anbrülle, wird er nur noch sturer, und am Ende heulen wir beide. Ich habe dann ein rabenschwarzes Gewissen, entschuldige mich wortreich bei ihm und gelobe Besserung. Solche Szenen garantieren natürlich ein Höchstmaß an Aufmerksamkeit und schreien deshalb geradezu nach Wiederholung. Kein Wunder, daß Leo es bei nächster Gelegenheit wieder auf einen Eklat ankommen läßt.

Besonders belastend empfinde ich solche Situationen, wenn andere Leute dabei sind. Dann möchte ich natürlich demonstrieren, wie brav mein Kind ist und was ich für eine gute Mutter bin. Mit sicherem Instinkt untergräbt Leo meine Bemühungen, indem er besonders frech und aufsässig ist. Wenn ich dann versuche, meine Autorität unter Beweis zu stellen, ist das Scheitern vorprogrammiert. Leo gehorcht nicht, ich werde sauer, und im Handumdrehen erleben unsere Gäste (deren Kinder sich natürlich vorbildlich betragen) eine Darbietung, für die ich mich anschließend furchtbar schäme.

In meiner Ratlosigkeit wende ich mich an Hans Grothe, den Erziehungsexperten von *Eltern*. Auch er meint: »Man sollte, wenn überhaupt, nur Drohungen aussprechen, die man auch wahrmachen würde. Viel besser ist es aber, wenn Sie das Kind die

Konsequenzen seines Handelns erleben lassen.« Wie soll das konkret aussehen, zum Beispiel auf den Kampf beim Anziehen bezogen? »Ganz einfach«, sagt er, »bringen Sie das Kind im Schlafanzug in den Kindergarten!«

Klingt einleuchtend. Hans Grothe empfiehlt weiter, dem Kind nur *einmal* zu erklären, warum etwas nicht geht. Man solle sich nicht auf stundenlange Diskussionen einlassen, denn Kinder interessierten sich nicht für Argumente, sondern für die Aufmerksamkeit, die eine solche Debatte garantiert. Der Mann hat recht. Ich selbst habe die unselige Neigung, alles hundertmal zu sagen, und Leo hat sich angewöhnt, nach jeder meiner Ausführungen stereotyp »warum?« zu fragen. »Die Wiederholungstaste drücken«, nennt Hans Grothe dieses Verhalten, und in der Tat falle ich oft genug darauf rein. Ganz offensichtlich hat Leo gelegentlich das Bedürfnis, herauszufinden, wie weit er gehen kann. Normalerweise ist er freundlich und hilfsbereit, aber plötzlich kriege ich auf eine kleine Bitte (»Machst du mal die Tür zu?«) eine patzige Antwort, und er knallt die Tür ins Schloß, daß die Wände wackeln.
Wenn ich ihn bitte, Rücksicht zu nehmen, weil Paulina schläft oder weil ich Kopfschmerzen habe, greift er sich unter Garantie zwei Topfdeckel und

marschiert scheppernd und singend durchs Haus. Sobald ich ihn darum ersuche, etwas *nicht* zu tun, kann ich Gift drauf nehmen, daß er es erst recht tut. Sein forschender Blick verrät mir, daß es sich wieder um ein Experiment aus dem Bereich der Grenzbegehung handelt und daß es jetzt wichtig ist, wie ich mich verhalte. Flippe ich schon bei der kleinsten Provokation aus, verschieße ich vorzeitig mein Pulver und stehe größeren Frechheiten um so hilfloser gegenüber. Schaffe ich es hingegen, ruhig zu bleiben und mir vielleicht sogar ein Ablenkungsmanöver auszudenken – schon ist die Situation entschärft.

Das gelingt mir bei weitem nicht immer, und es gab Momente, in denen hätte ich – gegen meine tiefe Überzeugung – zuschlagen können. Aber was hätte ich damit erreicht? Daß Leo sein Vertrauen in mich verliert und Angst vor mir kriegt. Das kann doch wohl nicht das Ziel sein.

Es war nicht leicht, zu kapieren, daß ich als Erwachsene mich nicht auf das Niveau eines Zwei- oder Dreijährigen begeben und in Konfliktsituationen

3 1/2 Jahre
Beim Essen. Leo gurgelt mit seinem Saft, spuckt ins Glas. Ich, angeekelt: »Hör bitte mit der Sauerei auf, ich kann's echt nicht sehen!« Leo, ungerührt: »Dann mach die Augen zu!«

einfach zurückplärren darf. Die Versuchung ist zwar groß, denn plärrende Kleinkinder können einen furchtbar nerven. Aber es bringt einfach nichts. Außerdem ist es eine Binsenweisheit, daß in der Erziehung viel über Vorbilder läuft. Wenn ich meinem Sohn also vormache, daß Gebrüll eine übliche Form der Auseinandersetzung ist, darf ich mich nicht wundern, wenn er's nachmacht.

Eines ist klar: Es handelt sich hier um einen Machtkampf zwischen deutlich ungleichen Gegnern. Denn auch wenn Kinder einen durch Trotz und Verweigerung auf die Palme bringen können, sind doch letztlich wir Erwachsenen die Überlegenen. Ein Kind ist total abhängig von uns, unserer Fürsorge und Liebe. Deshalb ist die perfideste Form der Strafe auch der Liebesentzug. Ich erinnere mich, daß ich es weitaus besser ertrug, wenn meine Mutter mal richtig wütend war, als wenn sie sagte: »Ich bin sehr traurig über dein Verhalten«, und sich zurückzog. In diesen Momenten hatte ich das Gefühl, aus der Welt zu fallen.
Ein paarmal hatte Leo regelrechte Schreianfälle. Ich hatte sein Glas an den falschen Platz gestellt oder nicht das richtige Spiel aus dem Regal geholt, und aus heiterem Himmel bekam er einen Wutanfall, der in keinem Verhältnis

zum Anlaß stand. »In solchen Fällen ist es wahrscheinlich, daß ein Kind unter einer Belastung leidet, mit der es momentan nicht fertig wird«, vermutet Hans Grothe. Der Grund war in Leos Fall schnell gefunden: Er mußte gerade die Ankunft von Paulina verkraften, und das fiel ihm nicht leicht. Er ging durch eine tiefe Krise, und es gab Momente, in denen der beste Ratschlag nichts nutzte – wir wußten nicht mehr weiter.

Wenn er das Baby gehauen hatte (was trotz aller elterlichen Vorsicht manchmal vorkam), was hätten

wir tun sollen? Ihn schimpfen und rausschicken? Das hätte seine Ängste nur verstärkt, die ja der Grund für seine Aggression waren. Ihn streicheln und trösten? Dann hätte er das Gefühl gehabt, für seine Schandtat gelobt zu werden. Sein Verhalten ignorieren? Dann hätte er zu massiveren Mitteln gegriffen, um unsere Zuwendung zu erzwingen. Es gab ganz einfach nicht die »richtige« Reaktion.

Die Vorstellung, daß es für jedes Erziehungsproblem eine Patentlösung gäbe, ist Unfug. Durch solche Phasen muß man durch. Und siehe da: Es wird immer wieder besser!

Eines Morgens wachte Leo auf und war wie ausgewechselt. Er war fröhlich und ausgeglichen, zärtlich zu seiner Schwester und liebenswürdig zu uns. Es

Knapp 4 Jahre

Leo: »Wo kommen die Menschen hin, wenn sie gestorben sind?«

Ich: »In den Himmel, zum lieben Gott.«

Leo: »Wann müssen wir sterben?«

Ich: »Das weiß niemand, wann er sterben muß.«

Leo: »Weiß der liebe Gott, wann wir sterben müssen?«

Ich: »Ja, der weiß es schon.«

Leo (entrüstet): »Warum sagt er's einem nicht?«

schien, als hätte er den Kummer und die Wut der vergangenen Wochen wie ein altes Kleidungsstück abgestreift. Wenn ich ihn jetzt bitte: »Räum doch bitte deine Spielsachen auf!«, höre ich ein gutgelauntes »okay!«, und wenig später ist alles an seinem Platz. Als ich Kopfschmerzen hatte, fragte er mich besorgt: »Wie geht's dir?« und streichelte mich liebevoll. Über Paulina sagte er: »Gell, die Paulina ist meine Lieblingsschwester!« Als ich das erfreut bestätigte, fügte er selbstzufrieden hinzu: »Die liebt mich!«

Er hat also seinen Platz in der Welt wiedergefunden, fühlt sich geliebt und kann deshalb auch wieder liebenswert sein. Und ich wundere mich, daß es Mütter gibt, die ihre Kinder manchmal am liebsten zum Fenster hinauswerfen würden...

Müssen Mütter moderieren?

Wie viele schwangere Moderatorinnen haben Sie schon im Fernsehen gesehen? Eine? Zwei? Überhaupt keine? Mehr als zwei waren es mit großer Wahrscheinlichkeit nicht. Und eine davon war vermutlich ich.

Das Telefon stand nicht mehr still, als ich letztes Jahr, im achten Monat schwanger, zwei Stern-TV-Sendungen moderiert hatte. Die Kollegen von den Zeitungen führten sich auf, als hätten sie eine mittelgroße Weltsensation erlebt. Und eigentlich hatten sie das ja auch. Schwangere im Fernsehen sind so selten wie Erdbeeren im Dezember. Und es verhält sich mit ihnen ebenso wie mit den schmackhaften Früchten: Man hätte gerne mehr davon. Aber: Da seien die Männer vor. Denn sie sind es ja noch immer, die (auch im Fernsehen) bestimmen, wer was zu sagen hat. Und da viele Männer glauben, daß Schwangerschaft eine milde Form des Schwachsinns ist, neigen sie dazu, werdende Mütter vom Bildschirm zu verbannen.

Ich hatte zufällig Glück: Günther Jauch, Chef von Stern-TV und selbst Vater zweier Töchter, kam gar nicht auf den Gedanken, ein schwangerer Bauch könnte irgendein Problem darstellen. »Wann kommt das Baby?« fragte er, als er von meinen ande-

125

ren Umständen erfuhr. »Im Juli«, antwortete ich. »Prima«, meinte er, »dann kann ich im Mai ja noch in den Urlaub fahren!« (Als Paulina dann da war, nahm er so viel Rücksicht mit seiner Terminplanung, daß ich mich monatelang in Ruhe um das Baby kümmern konnte. Danke, Günther!)

Für uns Frauen ändert sich durch Kinder noch mehr als für die Männer. Denn wir stehen plötzlich vor der Frage, wie wir in Zukunft Familie und Beruf unter einen Hut kriegen sollen. Ich spreche bewußt von »Beruf« und nicht von »Karriere«. Die kann man sich mit Kindern sowieso abschminken. Aber schon eine »normale« Berufstätigkeit stellt die meisten Mütter vor riesige Probleme. Da macht der Beruf der Fernsehjournalistin keine Ausnahme.

Seit meiner Zeit als Moderatorin von »Live aus dem Alabama«, »Live aus der alten Oper« oder »Klargestellt« habe ich viele interessante Angebote absagen müssen. Fast alle Sendungen sind inzwischen wöchentlich, viele täglich, und die meisten davon werden nicht in München hergestellt. Ich kann aber nicht ständig nach Köln, Berlin oder Hamburg reisen. Genauer gesagt: Ich könnte vielleicht, aber ich will nicht. Denn wofür habe ich Kinder gekriegt, wenn ich sie dann nur allein lasse? Sechsmal im Jahr Stern-TV, das läßt sich organisieren, ohne daß meine Familie darunter leidet.

Was ich sonst noch im Fernsehen machen kann, wird man sehen. Irgendwann werden Kinder ja auch mal größer...

Inzwischen habe ich mich auf meine anderen Talente besonnen. Ich habe im letzten Jahr drei Drehbücher für Fernsehkrimis geschrieben, ich schreibe Glossen, Portraits und natürlich weitere Geschichten von Leo und Paulina. Auf diese Weise bin ich berufstätig und kann doch überwiegend zu Hause sein. So nervenaufreibend es manchmal ist, den Spagat zwischen Familie und Arbeit zu vollführen, ich möchte auf keines von beiden verzichten! Ein Leben ohne Kinder erscheint mir ebenso unvollständig wie ein Leben ohne Beruf. Erst seit ich beides habe, fühle ich mich komplett.

Liebe Leserin, lieber Leser, wenn Sie Kinder haben, wußten Sie es schon. Wenn Sie (noch) keine haben, dann wissen Sie es jetzt: Das Leben mit Kindern ist wunderschön. Aber ziemlich anstrengend. Auf jeden Fall ist es völlig anders, als man es sich vorgestellt hat!
Ich habe mich oft darüber geärgert, wie »Familie« einerseits verklärt und verkitscht wird, und wie andererseits unsere Gesellschaft mit Kindern umgeht. Sie werden eben meist als »Störenfriede« betrachtet und möglichst schnell auf »erwachsenengerecht« ge-

trimmt. Peter und ich hoffen, daß unsere Kinder einmal im positiven Sinne »stören« werden. Daß sie stark und selbstbewußt genug werden, um Sand im Getriebe einer effizienten, aber zunehmend inhumanen Gesellschaft zu sein.

Um Kinder zu mögen, muß man sie kennenlernen. Ich habe versucht, das Leben mit unseren Kindern realistisch zu beschreiben, ohne es zu verklären. Ich hoffe, die Lektüre hat Ihnen Spaß gemacht.

Herzlich,
Ihre Amelie Fried und die »StörenFrieds«